내가 읽고 싶은 걸 쓰면 된다

내가 읽고 싶은 걸
쓰면 된다

단순하고 강력한 글쓰기 원칙

다나카 히로노부 지음

박정임 옮김

INFLUENTIAL
인 플 루 엔 셜

일러두기

· 이 책은 《글 잘 쓰는 법, 그딴 건 없지만》(인플루엔셜, 2020)의 개정판입니다.
· 본문의 괄호 안 설명은 모두 옮긴이의 주입니다.
· 인명과 고유명사 표기는 외래어표기법을 따랐으나 일부는 국내에서 통용되는
  표기를 따랐습니다.
· '3강. 어떻게 쓸 것인가'에서 한국 내 도서관에 대한 정보는 인플루엔셜 편집부에
  서 조사하여 추가한 내용입니다.

글을 쓰며 살아가는
매일매일은
괴롭지만, 즐겁다.

~~~~~~~~~~~~~

나를 위해 글을 쓴다는 것

오직 자신을 위한 요리를 해본 적이 있는가.

이 질문에 "없다"라고 답한다면, 이 책의 존재 가치는 시작부터 위기다. 그런 사람이라면 침대에 누워서라도 이 책을 끝까지 읽어주셨으면 한다. 여하튼 책을 구입해서 보는 것이 중요하다. 저자에게는.

30년도 더 된 이야기다. 어떤 잡지에 진로적성검사가 실려 있었다. 당시 중학생이었던 나는 '내겐 어떤 직업이 맞을까?'라는 단순한 호기심에 검사에 응해야겠다는 생각이 들었다. 펜을 집어 들고서 곧바로 시작했다.

질문 1. 당신은 고릴라입니까?

YES / NO

…무슨 생각일까.

여기서 일단 'YES'를 선택하고 화살표를 따라간 나는 충격적인 문장을 만나게 된다.

당신은 고릴라다. 먼저 인간이 될 방법을 생각하라.

대체 이 적성검사를 만든 사람의 의도는 무엇일까. 진로적성 검사에 이 질문이 꼭 필요할까. 혹시 잡지를 만드는 편집부의 지시였을까. 아니, 이 검사에 고릴라가 응하는 상황까지 고려한 필자의 지나친 배려심일까.

한 가지 분명한 건 이 글을 쓴 사람은 '쓰고 싶어서 썼다'는 것이다. 누군가가 이렇게 쓰라고 지시하지는 않았을 것이다. 다른 사람에게 돋보이기 위해서도 아니었을 것이다. 아무리 생각해도 이 사람은 자신이 읽고 싶었기 때문에 이 글을 쓴 게 분명하다.

글을 쓴 자신이 즐거웠던 것이다.

글쓰기에 테크닉이 필요 없는 이유

꽤나 한심한 문장인데도 30여 년이 지난 지금, 내가 태어나서 처음으로 쓰는 책의 첫머리에 인용할 정도로 잊히지 않는다. 이제 내 나이가 쉰이 되었는데, 아직도 이 글을 쓴 사람을 만나고 싶다. 만나서 부채로 머리를 한 대 때려주고 싶다.

그렇다. 자신이 읽고 싶은 글을 쓴다는 것은 이 정도로 파급력이 있다.

이 문장을 읽고 나는 '내가 읽고 싶은 글을 쓰면 나는 물론 남도 즐겁다'는 사실을 깨달았다.

이 책은 세간에 많이 나와 있는 '글쓰기 테크닉 책'이 아니다.

나는 글 쓰는 일로 그럭저럭 돈을 벌어 생활하고 있다. 하지만 거기에 테크닉은 존재하지 않는다.

어떤 테크닉을 배웠을 때, 그 테크닉을 습득하면 얻을 수 있다고 주장하는 효과, 효능, 이익, 수입을 얻은 적이 있는가.

불과 100권 정도이긴 하지만 다이어트 책을 닥치는 대로 읽으며 확신했다. 테크닉은 쓸모없다. 살은 여전히 빠지지 않는다.

문제 해결이나 목적 달성을 위한 글은 분명히 있다. 시험에 합격하기 위한 글이나 회사 업무상 거래처에 상품을 팔기 위한 글이 대표적이다. 그런 글을 쓸 때는 테크닉이 도움이 될 수도 있을 것이다.

하지만 시험에 합격했거나 매출 목표를 달성해서, 지금 충분히 행복해졌을까. "충분히 행복합니다"라고 대답할 수 있다면 이 책을 끝까지 읽고 반론해주길 바란다. 여하튼 내게는 당신이 이 책을 구입하는 것이 중요하다. 일단 구입한 다음 돈이 아까워서라도 끝까지 읽기 바란다.

글을 쓰는 행위는 삶을 놀랍도록 바꾸는 일이다

이 책에서 나는 '내가 읽고 싶은 글을 쓰면 내가 즐거워진다'는 사실을 전하고 싶다. 아니, 사실 전해지지 않아도 좋다. 이미 이 책을 써서 읽고 있는 내가 즐거우니까.

자기 자신에게조차 재미없는 글이 다른 사람에게 재미있게 읽힐 리 없다. 그러니까 자신이 읽고 싶은 글을 써야 한다.

그것이 '독자로서의 글쓰기 기술'이다.

자기 자신을 위해 요리해본 사람은 안다. 달리 먹어줄 사람이 없어도 나름 공들여 만들고 나면 기쁜 법이다. 물론 맛이 있으면 더 좋고. 그 음식을 누군가에게 대접했다가 연애를 하게 되거나 음식점을 차리는 경우도 있다.

'자신이 즐거워진다'는 것은 단순히 마음가짐이 바뀌거나, 마음에 들지 않는 현실을 덮어버리는 차원이 아니다. 쓰는 행위를 통해 실제로 '내 삶이 바뀌는 것'이다.

내가 즐거워야 남도 즐겁고, 그로 인해 내가 살아가는 세상이 놀랄 만큼 바뀐다는 것.

그 이야기를 이제부터 하려고 한다.

차례

0강. 어쩌다 글을 쓰게 되었나
: 본격적인 글쓰기 강의를 시작하기 전에

1강. 무엇을 쓸 것인가
: 이제 막 글쓰기를 시작한 당신에게

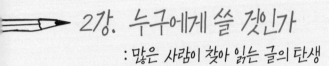

2강. 누구에게 쓸 것인가
: 많은 사람이 찾아 읽는 글의 탄생

3장. 어떻게 쓸 것인가
: 내 안의 숨은 이야기를 찾아 쓰는 법

4강. 왜 글을 쓰는가
: 인생을 바꾸는 간단한 글쓰기 기술

0강.

어쩌다 글을 쓰게 되었나

: 본격적인 글쓰기 강의를 시작하기 전에

"내가 읽고 싶은 글을 쓰면 내가 즐거워진다"라고 말하는 나는 누구인가. 덴츠에서 카피라이터 겸 광고기획자로 일하며, 24년간 남을 위한 글을 써서 밥벌이를 했다. 그러다 오직 나를 즐겁게 하는 글을 써보자는 가벼운 마음으로 쓴 짧은 영화평 하나가 나의 인생을 완전히 바꾸어놓았다. 글쓰기가 가진 본래의 즐거움을 알아버렸기 때문이다.

01.

이 책에 글쓰기 기술은
나오지 않는다

나는 24년간 광고회사에서
카피라이터로 일했고
지금도 글을 써서 먹고 살지만
글쓰기에 테크닉은 필요 없다.

다시 한번 말하지만, 이 책에서는 글쓰기의 기술을 다루지 않는다. 대신 글쓰기를 위한 발상법을 보여주려고 한다.

글이 빼곡한 책을 보면 그것만으로도 읽기 싫어진다. 중요한 것은 글자가 적어야 한다는 점이다. 까만 글자가 꽉 들어찬 책을 읽고 싶어 하는 사람은 사실 없다. 어렵고 복잡한 것은 읽기도 전에 머리가 아프다.

독자라면 누구나 그렇다. 쉽게 술술 읽히면서도 의미와 가치가 담긴 글을 좋아하게 마련이다. 짧으면서도 쉽게 읽히고, 연결고리가 탄탄한 글을 사람들은 잘 쓴 글이라고 생각한다. 글이 길고 거창해야 하는 시대는 지났다. 이 책은 되도록 글자 수를 줄이고 불필요한 서술은 철저하게 배제한다는 전제로 쓰였다.

이 중요한 사실을 나는 집 근처 편의점에 갔다가 지갑을 깜박해서 다시 집으로 돌아가던 중에 떠올리고는, 스마트폰에 '불필요한 서술은 줄여야 한다'라고 메모해두었다.

지갑은 어디서 찾았을까. 현관 신발장 위에서다. 다행이다. 지갑은 1년 전에 산 것으로, 지퍼로 여닫는 장지갑이다.

여하튼 불필요한 서술이 많거나 글자 수가 많은 책은 도무지 읽고 싶은 마음이 들지 않는다.

《문장력 향상 72단계》 같은 책을 보면 정신이 아득해진다. 대체 언제까지 단계를 밟고 있어야 하나. 대충 건너뛰면 안 될까.

《글쓰기를 위한 100가지 법칙》 같은 책까지 나와 있다. 그 많은 법칙을 외울 기억력이라면 사법시험을 쳐서 변호사가 되는 편이 훨씬 낫다고 생각한다.

또한 세간에 나와 있는 글쓰기나 문장 기술을 다룬 책 중에는 "문장 공부는 당신이 더 필요해 보이는데?"라는 말이 절로 나올 만큼 읽기 불편한 책이 있다. 엄청나게 뚱뚱한 사람이 쓴 다이어트 책을 보는 기분이랄까? 좋고 싫고를 말하기 전에 말문이 먼저 막혀버린다.

문장독본, 그러니까 본보기로 삼을 만한 좋은 문장들을 보여주며 글 쓰는 법을 알려주는 책은 대개 글로 명성을 얻은 사람이 쓴다. 대표적으로는 다니자키 준이치로《세설》을 쓴 소설가), 미시마 유키오《금각사》를 쓴 소설가), 마루야 사이이치《조릿대 베개》를 쓴 소설가)의《문장독본》을 들 수 있다.

이 책들의 공통점은 쟁쟁한 문호가 썼다는 것과 제목이 모두《문장독본》이라 구입할 때 헷갈린다는 점이다.

공통된 제목에서도 알 수 있듯, 세계적인 문학작품 속에 담긴 유려한 문장들을 예로 들며 작가 자신이 평생에 걸쳐 터득한 창작의 비법을 자세히 소개하고 있다. 책 한 권을 내기 위해 얼마나 많은 작품을 탐독하며 자신의 생각을 정리해냈을지 그 노력의 흔적을 곳곳에서 발견할 수 있다.

하지만 나는 유명 소설가도 아니고 인기 칼럼니스트도 아니다. 사실 책을 쓰는 전문 작가로는 누구에게도 알려져 있지 않다. 애초에 이 책 자체가 나의 첫 저서다.

그렇다면 잘난 척하며 "글 쓰는 법을 알려주겠다"라고 말하는 나는 누구일까.

누구세요?

질문을 받았으니 간단하게 내 소개를 하겠다.

나는 다나카 히로노부(田中泰延)라고 한다. 이름을 표기하는 한자가 조금 어려워서 내 소개가 나가는 곳에는 얼굴 사진과 함께 한자 이름 아래에 "히로노부라고 읽어주세요"라고 적어놓는다.

그런데 어디서인지 그것을 본 누군가가 전철이나 길거리에서 나를 보고 갑자기 "히로노부, 히로노부" 하고 부르는 일이 잦아졌다. 히로노부라고 '읽어달라'고 했지 '불러달라'고 하지는 않았다. 남의 이름을 함부로 불러서는 안 될 일이다.

각설하고, 나는 1969년 오사카에서 태어났다. 그건 내 선택이 아니다. 그 후 와세다대학에 진학했고 광고회사인 덴츠에서

24년 동안 카피라이터로 근무했다. 그 외에 국가공안위원회로부터 자동차와 원동기장치자전거의 운전을 특별히 허가하는 제1종 보통 운전면허증을 교부받은 유자격자이기도 하다.

말하자면 나는 가진 자격증이라고는 자동차 운전면허밖에 없는 그냥 평범한 샐러리맨이었다. 매달 월급이 들어온 걸 확인할 때마다 '샐러리맨이라서 정말 다행이다'라고 진심으로 생각하며 24년을 살았다.

그런데, 불현듯 회사를 그만두고 무직이 되어버렸다.

02.

삶의 방식을 바꾸게
만든 글쓰기의 힘

'나를 위해 쓴다'는 방침을 정한 뒤 써보자는
마음을 멈출 수 없었고, 원고 청탁이 줄을 이었다.
마침내 나는 46세에 덴츠의 카피라이터를
그만두고 스스로 '청년 실업자'가 되었다.

내가 본격적으로 글을 쓰기 시작한 건 2015년, 덴츠 재직 중에 '길모퉁이의 크리에이티브'라는 웹사이트에서 영화 평론을 의뢰받으면서부터였다. 이 사이트를 운영하는 니시지마 도모히로라는 사람이 내가 가끔 트위터에 올린 짧은 영화 감상평을 눈여겨봤던 것이다.

2년 동안 〈다나카 히로노부의 엔타메 신당〉이라는 제목으로 영화 평론을 20편 정도 썼다. 참고로 '엔타메 신당'이라는 명칭은 니시지마 씨가 붙였다. 지금도 의미를 모른다.

내 이름을 넣은 이유는 어디까지나 온라인에서 영화평을 쉽게 검색하기 위해서였다. 그리고 이 코너는 총 200만 페이지뷰가 넘을 정도로 많이 읽혔다.

딱히 많은 사람에게 보여주겠다는 생각으로 쓴 것은 아니다. 회사에 근무하면서 썼던 글이라 원고료라고 해봐야 술 한 잔 마시면 끝인 금액이었다. 페이지뷰에 따라 원고료를 받는 계약도 아니어서, 글을 쓸 때 딱히 독자 마음에 들어야 한다는 부담도 없었다.

딱 하나 이 영화평들의 특징이 있다면 '여하튼 길다'였다. 평균 7천 자에서 8천 자, 길 때는 1만 자가 훌쩍 넘기도 했다. 어떤 영화를 보고 '이 장면은 어디선가 본 적이 있는데, 다른 영화를 인용한 건 아닐까', '나는 왜 이렇게 눈물을 흘렸을까. 그러고 보니 어떤 음악을 듣고 감동했던 느낌과 비슷한데' 등의 생각이 들면 그 이유를 스스로 알고 싶어서 참을 수가 없었고, 귀찮지만 써보자는 마음을 멈출 수 없었기 때문이다.

다른 누군가를 위해 쓴 것이 아니다.
'나를 위해 쓴다'라는 방침을 정한 뒤 써보라는 의뢰인이 있어서 쓰기 시작했는데, 별다른 고민 없이 일단 나만 재미있으면 된다는 생각으로 썼더니 곧바로 게재될 곳이 생겼다.

전혀 예상도 못했던 일이었지만 한동안 써나가다 보니 트위터와 같은 SNS 등에서 예기치 않은 반향이 일어났다. 급기야 영화평을 눈여겨본 몇몇 매체에서 원고 청탁이 날아들었고 잇달아 글을 쓰게 되었다.

그러는 동안에 광고회사에 소속되어 누군가가 만든 상품의 장점에 대해 글을 쓰고, 그걸로 월급을 받는 상황이 점점 힘겨워졌다. 자발적 글쓰기와 의무적 글쓰기의 괴리를 더 이상 견딜 수 없게 된 어느 날, 결국 나는 사표를 냈다.

하지만 자기가 읽고 싶은 글을 쓴다고 저절로 생활비를 벌 수 있는 것은 아니다. 그렇기 때문에 "이제 덴츠의 카피라이터 자리에서 퇴직하고 오늘부터 프리랜서다. 어서 내게 일을 달라"라며 자신 있게 독립한 것은 아니었다.

단지 내 속에서 하라고 해도 하기 싫은 일과 하지 말라고 해도 하고 싶은 일이 확실해진 후 삶의 방식을 바꿨을 뿐이다.

그렇게 무직이 된 나는 '청년 실업자'라는 타이틀을 스스로에게 붙였다. 그때가 46세였으니 "청년은 무슨 청년이냐"라는 날카로운 비판이 나올 법도 하지만, 나보다 세 살 어린 벤처기업 사이버에이전트의 대표 후지타 스스무가 텔레비전 방송에서 '청년 실업가'로 소개되는 것을 보고 세 살이면 오차 범위 이내라는 생각에 나도 그렇게 했다. 그러니 항의 전화는 후지타 씨와 방송국에 걸기 바란다.

귀찮지만 써보자는 마음을
멈출 수 없을 때,
진짜 글이 나온다.

03.

거절할 수 없는
메일 쓰기에 대하여

덴츠를 퇴사하고 받은 출판 제안서는
모두 암담한 것들뿐이었다.
하지만 이 책의 편집자는 결국
내가 책을 쓰게 만들었다.

퇴직 후 여러 웹사이트에 글을 기고하는 동안 몇몇 대형 출판사로부터 책을 내면 어떻겠느냐는 제안을 받았다. 각 출판사에서 제시한 출간 기획서에는 아래와 같은 가제가 붙어 있었다.

덴츠 따위 그만둬버려! 나의 트위터 활용술

대기업 따위 엿이나 먹어라! SNS로 밥 벌어먹는 방법

'좋아요'가 쌓인다! 돈이 들어온다! 웹라이팅 기술

나는 생각지도 못한 가제들을 보고 모두 정중히 거절했다. '아, 세상은 이런 책을 원하는구나' 하는 암담한 기분이었다.

그러던 어느 날, 다이아몬드 출판사의 곤노 료스케라는 사람에게서 이상한 열의가 담긴 메일이 왔다. 꼭 읽을 필요는 없지만, 당시 분위기를 전달하기 위해서 메일 전문을 공개한다.

다나카 히로노부 씨께

안녕하세요. 다이아몬드라는 출판사에서
비즈니스서를 만들고 있는 곤노 료스케입니다.
다나카 씨와 꼭 함께 책을 만들고 싶어서 연락드렸습니다.

'믿을 수 있는 사람의 말'이라는 주제로 책을 기획하는데
아래의 취지에 조금이라도 흥미를 느끼신다면
한번 직접 뵙고 의논할 수 있을까요.

제가 이 책을 통해 실현하고 싶은 목표는
'정직한 글쓰기가 늘어나는 것'입니다.
특히 온라인상의 인간관계나 콘텐츠에서
정직한 글쓰기가 늘었으면 하는 바람입니다.

0강. 어쩌다 글을 쓰게 되었나

요즘 들어 자신의 생각이 글로 잘 전달되지 않는다고
고민하는 사람이 무척 많습니다.

그 원인 중 하나가
쓰는 사람이 거짓말을 하기 때문이라고 생각합니다.

여기서 제가 말하는 거짓말은
명백하게 악의가 있는 것뿐 아니라,

'정말로 그렇게 생각하지 않으면서 쓰기',

'출처 없이 다른 사람의 말을 그대로 사용하기',

'그 대상에 애정이 없는데도 소개하기' 등을 뜻합니다.

물론 거짓말을 해야만 하는 상황은 있겠지요.
하지만 작은 거짓말이 쌓이다 보면
자신의 거짓말에 무감각해지게 되고
결국 상대방과 마음이 통하지 않을 수밖에 없을 겁니다.

그래서 글 속의 거짓말이란 무엇이고, 그 폐해는 무엇인지
다나카 씨의 언어로 써내려간 책을 구상하고 있습니다.

이 책을 읽으면 상대방의 글이 잔짜인지 아닌지 알게 되고,

언어를 솔직하게 사용하는 방법을 익힘으로써

'상대방에게 잘 전달되는 문장'을 쓸 수 있게 될 것입니다.

이런 책을 저와 만들어 보시면 어떨까요?

글이 길어졌습니다만,

이 책을 다나카 씨가 써주셨으면 하는

분명한 이유가 있습니다.

트위터에 다나카 씨가 남긴 글을 보고 있자면

다나카 씨는 거짓말을 하거나

타인에게 상처주는 일에 무감각한 사람을

순식간에 간파해서 댓글을 다는 것을 알 수 있습니다.

수많은 댓글을 달면서도

타인의 악의와 거짓말에 무척이나 민감하고

또한 상당히 정확하게 반응하고 있다고 느꼈습니다.

그리고 저는 다나카 씨의 문장을 무척 좋아합니다.

특히 다나카 씨가 쓴

베토벤의 〈교향곡 제9번〉 음악평이나 〈위플래쉬〉 영화평은

'그 작품이 객관적으로 어떤 의미가 있는가'뿐만 아니라

'나는 무엇을 느꼈는지, 어떤 부분을 좋아했는지'에
중점을 두고 있어서
읽고 나면 기분이 무척 좋고 마음이 편해집니다.

다나카 씨라면 거짓말의 구조와 불이익,
정직하게 말하는 것의 의미와 방법을 밝힐 수 있다고
생각해서 의뢰를 드리는 바입니다.

긴 글이지만, 여기까지 읽어주셨다면
부디 검토해주시길 바랍니다.
잘 부탁드립니다.

곤노 료스케 드림

지나치게 열의가 가득한 편지는 회신하는 일 자체가 두려워서 한동안 방치하게 된다.

트위터에서 알게 된 '모에가라'라는 사람이 모두 잠든 어느 한밤중에 갑자기 〈우리는 모두 어른이 될 수 없었다〉라는 소설 초고를 보내놓고는 "이런 글을 썼는데, 스스로 판단이 안 섭니

다. 다나카 씨가 읽고 별로면 별로라고 말해주시겠어요?"라고
했을 때의 공포가 떠올랐다.

그럼에도 곤노 씨의 제안은 '덴츠 따위 그만둬버려! 나의 트
위터 활용술'보다는 훨씬 나은 듯했다.

하지만 영문을 알 수 없었다. SNS에 올린 단편적인 글에 호
의를 가져준 건 감사한 일이지만, 대체 나의 뭘 믿고?

그다음 메일에는 "하나라도 써보는 건 어떨까, 써보는 것도
괜찮겠다, 써보지 않으면 알 수 없다는 생각이 조금이라도 드
신다면 다음 단계로 이어질 수 있는 어떤 코멘트를 주시겠어
요?"라는 물음을 시작으로 60줄의 문장이 이어졌다.

곤노 씨가 자유롭게 떠올린 아이디어의 일부는 다음과 같다.

인생의 흐름에 따라 추억은 어떻게 변화할까?
위스키가 점점 맛있어지듯이 추억을 음미하는 방식도 변화
할까?
상대방을 감탄하게 하는 '의견'은 무엇일까?
깊게 생각할 때 전혀 다른 이야기에서 영감을 받는 이유는
무엇일까?

'자신이 읽고 싶은 것을 쓴다는 것'의 구체적인 과정을 알고 싶다.

최종적으로 마지막 문장이 이 책으로 이어졌는데, 그 시점에서도 역시 확신이 서지 않았다. 그래서 지인에게 상담했다. 같은 출판사에서 《미움받을 용기》를 출간한 고가 후미타케 씨와 지브리스튜디오의 유명 카피라이터이자 작가인 이토이 시게사토 씨다.

결과적으로 두 사람 모두 반대하지 않아서 마지못해 곤노 씨의 제안을 받아들였는데, 그로부터 반년이나 이런저런 이유를 대며 시간을 끌었다. 하지만 그러는 동안에도 곤노 씨는 수만 자나 되는 메일을 끈질기게 보내왔다.

무섭다.

결국 나는 쓰기로 했다. 곤노 씨가 말했듯, 써보지 않으면 알 수 없으니 일단 쓰기 시작하는 게 맞았다. 단 한 줄이라도. 누구도 아닌 나를 위해서.

04.

글쓰기가 가진 본래의
즐거움을 놓치지 마라

화제가 되는 글 쓰는 법,
글쓰기로 돈 버는 법은 이 책에 없다.
나는 글쓰기의 즐거움을 찾는 데 필요한
약간의 괴로움과 귀찮음을 알려주고자 한다.

최근 몇 년 동안 웹사이트에 소개된 내 영화평과 에세이를 읽은 분들을 대상으로 글쓰기에 대해 강연하는 일이 부쩍 늘었다. 수업료까지 지불하고 일부러 시간을 내 와준 분들에게 일일이 전하지 못했던 감사한 마음을 지면을 빌어 전하고 싶다. 그리고 미처 강연장에서 만나지 못한 분들을 위해 내가 강연 때마다 당부하던 말을 이 책을 통해 다시 한번 밝히고 싶다.

　글쓰기에 대해 무엇 하나라도 배우고 싶어 발품을 팔아 강연장을 찾은 분들을 보면 대부분 다음과 같은 바람을 마음에 품고 있는 듯하다.

에세이 작가가 되고 싶다.

내 생각이 담긴 글을 쓰고 싶다.

눈길을 끄는 글을 쓰는 방법을 알고 싶다.

글 쓰는 일로 밥벌이를 하고 싶다.

하지만 안타깝게도 그분들 중 대부분은 출발점에서 이미 사고가 막혀 있다. 애초에 방향을 잘못 잡았다고 할까? 출발점부터 이상한 것이다.

대단한 사람으로 여겨지고 싶다, 돈을 벌고 싶다, 성공하고 싶다…. 목적의식이 있는 것은 좋다. 하지만 그런 생각만으로 글을 쓰기 시작하면 결국 사람들이 읽지 않는 글이 나와버린다. 초보자라면 더욱 그렇다. 흔히 말하는 글을 통한 성공은 노력해 쟁취하는 것이 아니라 결과적으로 주어지는 것이다. 글을 쓰면서 느끼는 본연의 즐거움을 꾸준히 맛보며 스스로 빠져들어 쓰는 것. 글쓰기의 출발선 상에서 잊지 말아야 할 원칙이다.

나는 이 사실을 강의 때마다 반복해서 말하곤 한다. 고맙게도 수강생 중 상당수로부터 "잘 알았습니다", "이해했습니다",

"아, 그렇군요. 깨달음을 얻었습니다" 등의 감상을 듣는다. 하지만 그들의 깨달음은 오래가지 않는다.

다음주 다른 강사 수업에서 다시 '화제가 되는 글을 쓰는 기술' 등을 신나게 메모하는 모습들을 발견하니 말이다. 사람들은 너무 빨리 새로운 깨달음을 얻는 것 같다. 무슨 원데이 콘택트렌즈도 아니고.

이 책은 글쓰기의 어떠한 방법론이나 공허한 목표를 향하는 삶보다는 글쓰기가 가진 본래의 즐거움 그리고 그 즐거움을 얻기 위해 필요한 약간의 괴로움과 귀찮음을 알려주기 위해 썼다.

그와 동시에 무엇보다 나 자신을 위해 썼다. 거듭 강조하지만 모든 글은 자신을 위해 쓰는 것이기 때문이다.

1강.

무엇을 쓸 것인가

: 이제 막 글쓰기를 시작한 당신에게

'작가'는 저술하는 사람 전반을 가리킨다. 소설, 대본, 르포, 칼럼 등을 쓰는 사람을 전부 통틀어 작가라고 부른다. 이렇듯 글쓰기를 직업으로 하는 사람을 작가라고 칭하지만 경우에 따라 미묘하게 범위가 좁게 사용되기도 한다. 도대체 글이란 무엇인가?

가장 먼저 글의 범위를 확실하게 정의해 보자. 그 범위가 바로 작가의 활동 영역이다.

05.

진정한 의미의
'글'이란 무엇인가

업무 문서와 커뮤니티 글은 다르다.
전자는 월급 받는 노동이고 후자는 재미를 위한
자발적 행위다. 쓰는 사람도 읽는 사람도
모두 재미를 느껴야 진정한 의미의 '글'이다.

이 책은 글쓰기의 본질을 다룬 책이다. 그런데 여기서 말하는 '글'은 무엇일까.

누구라도 한 번쯤은 써봤을 법한 리포트, 논문, 이메일, 보고서, 기획서 등을 떠올려보자. 이것들은 문제 해결이나 목적 달성을 위한 '서류'다.

글쓰기와 관련한 책들 중에서 어째서인지, 이런 글을 어떻게 써야 하는가를 친절하게 가르치려는 경우가 꽤 눈에 띈다. 하지만 그 책들에서 설명하는 이런저런 기술들이 과연 우리가 원하는 글쓰기의 범주에 속한다고 할 수 있을까. 엄밀히 말해 거기에서 말하는 글은 글이라기보다 업무용 문서라고 하는 편이 적절하지 싶다.

지금 인터넷상에 넘쳐나는 글들을 한번 떠올려보자. 쓰는 사람이 있고, 읽는 사람이 있다. 쓰는 사람도 읽는 사람도 재미를 느낀다. 또한 그 행위는 모두 자발적이다. 그런 글들이 모두 문장이 수려하거나 뛰어난 혜안을 담은 건 아니다.

간혹 틀린 단어가 보이거나 문법이 맞지 않는 초등학생의 글을 보며 미소 지어본 경험이 있는가. 비록 내용은 좀 어설프더라도 글 쓴 이의 생각과 감정이 그대로 드러나는 글, 자신의 느낌에 충실한 글. 바로 이것이 진정한 의미의 '글'이다.

대학에 제출한 졸업 논문을 "여러분, 부디 읽어주세요"라며 인터넷에 올리는 학생은 없다. 상사에게 "감상평이 궁금합니다"라며 보고서를 제출하는 직장인도 없다. 이런 글은 쓰기 싫은데도 쓴 것인 데다 본인조차 더 이상 읽고 싶지 않고, 타인은 더욱더 읽고 싶지 않다. 단지 글자로 표현된 문서이기 때문이다.

문장 기술에 관한 책 중에는 '상사의 입장에서 생각한다, 읽고 싶어지는 보고서'라는 식의 황당한 제목을 붙인 것도 있다. 보고서에 무엇이 쓰였든 상사 역시 읽고 싶지 않다. 당연하다. 사람들이 문서를 쓰고 읽는 것은 순전히 월급을 받기 위한 노

1강. 무엇을 쓸 것인가

동에 불과하다.

그렇다면 글이란 무엇일까. 블로그, 칼럼, 서평, 영화평, 근황 보고, 시사적 견해를 비롯해 페이스북이나 트위터에 올린 단편적인 메시지까지, 누가 시키지 않아도 정성을 다해 쓰고, 읽어 달라고 부탁하지 않아도 열심히 읽고 감상평까지 남기게 하는 글의 정체는 무엇일까.

06.

"내가 쓰고 있는 게 에세이라고요?"

글쓰기 수강생 대부분은 자신이 보고 들은 것,
느끼고 생각한 것을 글로 쓰고 싶어 하는데
그게 바로 에세이다. 우리가 인터넷에서 읽고 쓰는
글의 90퍼센트도 에세이다.

쓰는 사람이 있고, 읽는 사람이 있는 글 중에서 가장 비중이 큰 것은 '에세이'다.

　그렇다면 에세이란 무엇인가. 나는 글쓰기 강의에서 수강생들에게 반드시 이 질문을 던진다. 그런데 수강생 대부분이 우물쭈물하며 제대로 대답하지 못한다.

　어떤 수강생들은 "자유롭게 쓴 글?", "느낀 것을 쓴 글?" 하며 되묻는다.

　이 대답은 두 가지가 틀렸다. 먼저 정의가 애매하다. 그리고 또 하나, 질문을 한 사람은 나다.

정의는 무척 중요하다. 지금은 '에세이'라는 말이 보편적으로 쓰이는데, 오래 전부터 한자로 '수필(隨筆)'이라 불렸다. 수필의 뜻을 풀어보면 '생각나는 대로 붓에 맡겨 쓴 글'이다.

붓에 맡긴다.

이 얼마나 편리한 붓인가. 어디서 팔까? 어디서 파는지 알 수 있다면 나부터 구입하고 싶다.

나는 수필을 이렇게 정의한다.

사상(事象)과 심상(心象)이 교차하는 곳에 생긴 문장.

이렇게 말하면 대부분의 수강생이 깜짝 놀란 표정을 짓는다. 자신이 쓰고 싶고, 읽히기를 바라는 글의 정의가 아니기 때문이다. 이래서 정의가 중요하다. 내가 무얼 쓰는지 스스로 정의하지 못하면서 어떻게 원하는 글을 쓸 수 있을까. 내가 내린 수필의 정의를 간략히 설명해보겠다.

'사상'은 자신이 보고 들은 것, 알게 된 것이다. 내가 직간접적으로 대면한 세상의 모든 물체, 사건, 사람을 사상이라고 할 수 있다. 그 사상을 접하고 마음이 움직여서 쓰고 싶은 기분이 생겨나는 것이 '심상'이다. 사상과 심상 이 두 가지가 갖춰졌을 때 비로소 에세이를 쓸 수 있다. 사람은 자신이 보거나 들은 것(이것이 글의 첫째 조건이다)에 대해 본인이 직접 느끼고 생각한 것(이것이 글의 두 번째 조건이다)을 쓰고 싶어 하고 읽고 싶어 한다.

그러므로 인터넷상에 있는 글 대부분이 일종의 에세이라 할 수 있다. 자신이 직접 경험한 것과 그것에서 무엇을 느꼈는지를 적고 있기 때문이다. 그런 의미에서 영화 평론도 에세이의 일종이다. 뒤에서 조금 더 설명해보겠다.

07.

어떤 글을 쓰고 싶은지 말할 수 있는가

당신은 보도 글을 쓰고 싶은가,
소설이나 시를 쓰고 싶은가.
무엇을 쓰든 자신이 쓰려는 글이
어느 범주에 속하는지
정의내릴 수 있어야 한다.

에세이는 보고 들었거나 알게 된 것에 대해 내가 느낀 바를 적는 것이라 설명했다. 그런데 글의 종류에는 에세이만 있는 것이 아니다. 사상과 심상이 교차하는 곳에서 생겨나는 것이 에세이라는 말은 한편으로 '사상을 기술한 글'도, '심상을 기술한 글'도 있다는 뜻이다.

사상을 중심으로 기술한 글은 보통 '보도'나 '르포르타주'라고 부른다.

"5월 12일, 이스탄불에서 폭탄이 폭발했고 희생자가 나왔다"라는 보도는 있어도 "5월 12일, 이스탄불에서 폭탄이 폭발했고 희생자가 나왔다. 테러는 절대 용서할 수 없는 행위이며,

이 경악할 만한 사건을 보고 눈물이 나온다"라는 보도는 없다. 후자는 보도라고 할 수 없다. 글쓴이의 심상이 기술되어 있기 때문이다.

심상을 주로 기술한 글은 '창작' 또는 '픽션'이다. 소설이나 시가 여기에 해당한다.

소설이나 시는 상상력만으로 써도 아무런 문제가 없다. "서기 3437년, 아멘호테프 6세의 후예인 모호로비치치 조지는 우주고양이 피트의 계시에 따라 신형 피라미드 히미코 파르나스 몽블랑을 타고 플레이아데스성단으로 향한다"라는 이야기도 괜찮다.

따라서 무엇을 쓰든 사상과 심상이 기반되어 있다면 충분히 글로서의 가치가 있다. 내가 쓰려는 글은 어느 범주에 속할까? 나는 어떤 글을 쓰고 싶은가? 먼저 정의를 내려보기 바란다.

아무렇게나 생각나는 대로 쓰면 글을 쓰는 속도는 빠르겠지만, 그럴 경우 전혀 재미가 느껴지지 않는다. 내가 썼는데도 읽고 싶지 않은 글이 되고마는 것이다.

글쓰기 관련 수업을 하면 인터넷에 무언가를 써서 사람들에게 보여주고 싶어 하는 수강생들이 대거 모인다. 소위 작가를 꿈꾸는 이들이다. 하지만 앞서 말했듯이 이들 중 '자신이 쓰려는 글의 분야가 무엇인가'에 대한 정의를 내린 사람은 거의 없다.

사상에 가까운 것을 쓴다면 저널리스트나 연구자이며, 심상에 가까운 것을 쓴다면 소설가나 시인이다. 모두 일종의 전문직인 셈이다.

그 어느 쪽도 아닌 에세이라는 분야에서 글을 쓰고 독자의 지지를 얻어 살아가는 것이 일반적으로 말하는 작가다. 그리고, 대부분의 사람은 소위 에세이라고 부를 수 있는 글을 좋아한다.

08.

글을 쓰다 길을 잃고
헤매고 싶지 않다면

단어 하나하나에 대한 정의를 잊으면
자신이 지금 쓰는 것이 무엇인지
알 수 없어진다.
정의를 확실하게 하면
길을 잃지 않는다.

정의에 대해 조금 더 이야기해보자.

"'취미'라는 말을 정의해보십시오."

'글이란 무엇인가', '내가 쓰고 싶은 글은 무엇인가'와 함께 강의할 때마다 수강생들에게 던지는 질문이다. 이 눈치 저 눈치 보다가 몇 명이 말을 꺼내는데, 십중팔구 "직업이어서가 아니라 즐거워서 하는 일", "바쁘지 않고 한가한 시간에 하는 일", "생활에 활력을 주는 행위"라고 대답한다. 맞는 말이다. 과연 사전에도 비슷한 의미가 적혀 있다.

하지만 작가로 글을 쓰는 생활을 하려고 한다면 좀 더 깊게 생각해볼 필요가 있다.

우표를 수집하는 사람이 있다. 틀림없는 취미다. 값비싼 낚싯대를 수십 대나 모은 사람이 있다. 누가 봐도 취미다. 하지만 본래 우표는 우편 요금에 해당하는 액수만큼만 붙이면 되고, 물고기를 낚는 데는 극단적으로 말해 부러지지 않을 정도의 봉하나면 충분하다.

다시 말해, 우표와 낚싯대는 우편물을 보내고 물고기를 낚기위한 수단에 지나지 않는다. 이 둘이 존재하는 본래 이유는 결국 '적재적소에 손쉽게 물건을 배달하려고', '물고기를 큰 힘 들이지 않고 낚으려고' 딱 그 정도다. 그 자체가 목적이 아니라는 얘기다. 하지만 수집가들에게는 수단이어야 할 우표나 낚싯대가 필요 이상의 값으로 구입해 애지중지 보관하거나 진열장에 넣어두는 등 '목적'이 되어버린다. 그것이 바로 취미다. 이제 취미를 다시 정의해보자. 그 정체가 확실해진다.

취미: 수단이 목적으로 바뀐 것.

취미는 도착(倒錯), 즉 본말이 전도된 것이라고 할 수 있다. 이처럼 단어 하나하나에 대해 토대를 확실히 다지지 않으면, 문장을 쓸 때 애매한 언어를 반복하게 된다.

또한 단어 하나하나에 대한 정의를 잊으면, 자신이 지금 쓰고 있는 것이 무엇인지 알 수 없어진다. 이를 테면 영화 평론을 쓸 때, '사상과 심상이 교차하는 곳에서 생겨난 것이 에세이'라는 정의를 놓치면 줄거리만 나열하거나 감상만 쓰다 끝나버린다.

기억하자. 정의를 확실하게 해야 자신이 지금 무엇을 쓰고 있는지 헤매지 않을 수 있다.

09.

알고 있던 단어의
의미도 의심하라

글을 쓸 때는 자신이 쓰려는 말의 실체를
이해하는 것이 중요하다.
알고 있는 단어도 의미가 맞는지
의심해봐야 한다.

정의를 확실하게 재구축하자는 말은 바꿔 말하면 '의심하라'라고 할 수 있다. 단어에 대한 사고의 첫 단계에서 반드시 선행되어야 하는 일이 '알고 있는 단어도 의미가 맞는지 일단 의심하는 것'이다. '단어'라는 단어조차 50번 읽고 쓰다 보면 머릿속에서 닳고 닳아 의미를 알 수 없게 된다. 익히 잘 아는 단어, 바로 거기서부터 단어의 정체를 탐구하는 사고가 시작되어야 한다.

자신이 쓴 단어의 실체를 확실히 알고 그 무게를 느끼고 있는가. 영문도 모른 채 누군가가 사용한 단어를 유용하고 있지는 않은가. 솔직히 말하자면 '나는 말을 믿는다' 같은 전제가 가장 의심스럽다.

　예전에 역사에 관한 글을 집필한 적이 있다. 갑자기 '막부'라는 단어의 정확한 의미가 떠오르지 않았다. '막부, 막부' 하고 써나가는 동안에 내 머릿속에서는 점점 '막부'의 실체가 사라졌고, 급기야 영문을 알 수 없는 말이 되었다. 일본에서 교육을 받은 사람이라면 초등학교 때부터 수천 번이나 듣고 쓰고 말해온 단어다. 하지만 막상 이 단어의 정확한 의미에 대해 설명하려고 하자 말문이 막혀버렸다.

　그때 발상을 전환해보려고 영어로 번역된 일본 역사서를 읽어보다 답을 찾았다. '막부'를 'military government'라고 설명하고 있었고, 그 말을 본 순간 바로 이해가 갔다. 즉 막부의 뜻은 '군사정권'이었다.

　이처럼 쓸 때는 분야를 막론하고 자신이 쓰려는 말의 실체를 이해하고 있는 것이 중요하다. 그렇지 않으면 타인에게 의미를 전달하기란 불가능에 가깝다.

글을 쓰다 헤메지 않으려면
내가 쓰고 있는 단어의 정의를
정확히 내릴 수 있어야 한다.

실전 글쓰기 1

~~~~~~~~~~~~~~~~~~ ✏️

팔리는 문장은 무엇이 다른가

이 부분은 모처럼 쓸모가 있을 것이다

다시 말하지만 이 책은 글쓰기의 기술을 알려주는 책이 아니다. 그럼에도 무심코 실용적인 내용을 쓰기도 했다. 이 부분이 바로 그렇다.

24년 동안 광고대행사에서 카피라이터와 CM플래너(영상 광고 아이디어를 내고 구체적으로 시각화하는 업무를 담당하는 사람)로 월급을 받으며 생활해왔으니 그에 대한 노하우가 있는 것이 사실이다. 퇴직한 후에도 의연하게 '도쿄 카피라이터 클럽'과 '오사카 카피라이터 클럽'의 심사위원을 맡고 있다.

그래서 이 부분은 부록의 역할을 하고 있지만, 어쩌면 가장 제대로 된 내용을 담고 있을지 모른다. 이 책에서 당신에게 유일하게 도움이 될 수도 있다. 책을 다 읽은 다음에 이 부분만 뜯어서 보관하면 공간을 차지하지 않아서 좋을 것이다. 부디 이 책이 중고책 시장에서 헐값에 팔리는 일이 없도록, 필요한 부분을 뜯어내고 나머지는 재활용 쓰레기로 내놓자.

이 부분만 읽으면 당신도 오늘부터 광고 크리에이터다.

이미지보다 중요한 말의 힘

영상 광고의 제작 과정은 대충 이런 순서다.

① 광고주에게 오리엔테이션을 받는다.

② 마케팅부서에 조사를 부탁한다. 부탁하지 않을 때도 있다.

③ 생각한다. 오로지 생각한다.

④ 연예인이나 유명인사를 기용해야 할 경우에는 협의한다.

⑤ 생각을 정리해서 글로 쓰거나 그림을 그린다.

⑥ 광고주에게 프레젠테이션을 한다.

⑦ 프로듀서, 연출가 등 제작진을 결정한다.

⑧ 촬영한다. 스튜디오에서 할 때도 있고 현지나 해외에서 할 때도

있다.

⑨ 편집한다. 음악과 소리를 만들어 붙인다.

⑩ 방송한다.

이 과정을 보면 알 수 있듯이 광고 회사의 업무는 '대리인으로서 광고물을 제작하는 것'이다. 광고를 만드는 것은 고객사지만, 대리인의 입장에서 과제를 부여받고 목표를 달성해 그 성과의 대가를 보수로 받는다.

영상 광고는 당연히 영상이 가장 중요하다고 생각하기 쉬운데, 사실 그 기초에 있는 것은 언제나 '글'이며 '카피'다. 영상과 이미지는 최종본이 나오기 전까지 타인과 공유할 수 없다. 콘티를 그렸다고 해도 어디까지나 설계도에 지나지 않는다. "이런 이미지로…"라고 아이디어를 주고받는 과정에서도, '이런'의 구체적인 내용은 '말'로 전달된다.

따라서 영상 광고를 만드는 모든 단계에서 사용하는 도구는 결국 '말'인 셈이다. '이미지'의 아웃풋은 최종 단계인 방송 전까지는 아무도 모른다.

광고 카피를 떠올리는 7가지 발상법

광고 아이디어는 어떤 식으로 떠올릴까. 지금부터 설명하는 것은 내가 일하는 동안 스승과 선배들에게 직접 배운 것이다.

제대로 전수하려면 실제 광고 사례나 덴츠에 다닐 때 만들었던 광고를 예로 들어 설명해야겠지만, 그렇게 하면 책 한 권 분량이 된다. 그 책은 별도로 팔고 싶기 때문에 여기에서는 발상법의 핵심이 되는 부분만 언급하겠다.

1. 15자 이내로 말한다

영상 광고는 기본적으로 15초밖에 되지 않는다. 30초나 60초도 있기는 하지만, 텔레비전 광고의 경우 대부분 '스팟 광고'라고 불리는 15초짜리다. 예전에는 5초짜리 광고도 있었다.

시간이 짧다고 상품의 장점이나 제품명 등 광고주가 하고자 하는 말을 한가득 빠르게 읊기만 해서는 안된다. 거기에 약간의 장치와 정서를 담아, 이야기를 걸듯이 다가가야 비로소 주목받을 수 있다.

그 밖에 지면 광고 혹은 웹이나 모바일상의 광고의 경우 사람들의 눈에 들어오는 것은 1초 이내라고 상정해야 한다. 페이지를 넘기거나 클릭하는 순간이나 통근, 통학 시에 시선을 사로잡는 것이 관건이다. 이때 사람들의 이목을 순간적으로 붙잡는 역할을 하는 글을 '헤드 카피'라고 부른다.

따라서 글자 수를 15자 정도로 정리하지 않으면 광고 메시지로서는 너무 길다. 그런 이유로 카피라이터들은 긴 문장을 쓸 수 있을 만큼 쓰고, 내용이 손상되지 않는 선에서 최대한 짧게 만드는 훈련을 반복한다.

아이러니하게도 이는 카피라이터로 24년이나 근무했던 내가 이 책을 쓸 때 가장 곤란함을 느꼈던 지점이다. 카피라이터는 여하튼 짧은 문장으로 메시지를 전달하려고 고민한다. 하지만 그런 식으로 책 한 권을 쓰면 책의 두께가 아주 얇고, 글자가 적고, 공백이 가득한 책이 되어버린다.

결국 나는 전체의 약 98퍼센트 정도 불필요한 문장을 심어둠으로써 책 한 권을 내는 데 간신히 성공했다. 다행이다. 나도 생활이란 게 있다.

2. 한 가지만 말한다

광고업계에서 일하고 싶은 이들을 대상으로 하는 세미나에서 자주 하는 실험이 있다. 200명의 참가자에게 '말 전달 게임'을 시킨다. 사회자가 첫 번째 사람에게 "하얀 토끼"라고 귓속말을 하고, 첫 번째 사람은 두 번째 사람에게 자신이 들은 말을 그대로 전한다. 이런 식으로 200명이 릴레이로 귓속말을 한다. 가끔 파란 토끼, 하얀 도깨비, 하얀 도끼 등 엉뚱한 말로 변하기도 하지만, 대부분은 마지막 200명째에서 "하얀 토끼"라는 말이 나온다. 이유는 단순하다. 토끼의 특징을 표현하는 형용사가 '하얀', 딱 하나였기 때문이다.

"달고 빨갛고 맛있는 사과"라고 귓속말을 하면 어떨까. 이번에는 우스울 정도로 전달이 되지 않는다. 200명이 말을 전달하는 동안 완전히 변해버린다. 한번은 '날뛰는 젊은 사자'가 된 적도 있다. 사과의 좋은 점을 세 가지나 전하려다가 말하는 대상이 사과라는 사실조차 잊혀버린 것이다.

오늘날 우리가 접하는 대부분의 광고가 인터넷이나 모바일을 통해 이루어진다고 볼 때 대중이 그에 접촉할 수 있는 시간은

1초 이내이며, 그나마 여유가 있는 영상 광고 역시 접촉 후에 흥미를 유발해 끝까지 보게 하는 최대치가 15초다. 그러니 명심하자. '전달하려는 정보는 딱 하나만 담는다.' 만일 두 개라면 각각 절반 이하밖에 전달되지 않을 가능성이 크다.

광고주 입장에서는 알리고 싶은 상품의 특장점이 산더미 같다. 이 부분도 좋게, 저 부분도 좋게 하려고 고생고생해가며 개발한 끝에 판매하는 것이니 당연하다. 그러다 보니 광고주가 하는 말은 대부분 수만 가지 '좋다'의 집대성이다. 예컨대 자동차의 경우 이런 말들이 쏟아진다. 주행 성능이 좋다, 실내가 넓다, 안정성이 뛰어나다, 디자인이 좋다, 연비가 좋다, 색상이 좋다, 이름이 좋다…. 그 마음은 충분히 이해한다.

하지만 우리 광고 제작자들은 마음을 모질게 먹고 그중에서 가장 유리하게 호소할 수 있을 만한 것을 딱 하나 골라, 예컨대 "이번에는 연비가 좋다는 사실만 전달합시다"라고 프레젠테이션을 한다.

3. 일단 시선을 끈다

광고주는 광고 제작자와 함께 산더미 같은 하고 싶은 말 중 한 가지만 골라내는 것에 합의한다. 앞에서 얘기한 자동차의 경우라면 '연비가 좋다'가 메시지다.

하지만 갑자기 연비가 좋다고 주장한다고 시청자가 이야기를 들어줄까? 연비 좋은 차는 모든 자동차 회사에서 판매하고 있다. 물론 타사의 자동차에 비해 연비가 두 배로 높다면 그 사실만 전해도 효과가 있을 것이다. 하지만 자본주의의 구조상, 치열한 기술 경쟁 끝에 결국에는 회사마다 거의 비슷한 성능의 제품들이 나오고 있는 게 현실이다.

이런 상황에서는 일단 눈길을 끌어야 한다. 유명인이 등장하는 광고가 끊임없이 나오는 이유도 여기에 있다. 사람들에게 이미 인기가 있는 배우, 가수, 스포츠 선수 등을 기용하면 상품의 장점을 말하기도 전에 일단 시선을 사로잡을 수 있다. '무엇을 말하는가'보다 '누가 말하는가'로 승부가 나기도 한다.

와타나베 켄(일본의 유명 배우)은 경차를 탈 것 같지 않은데도, 와타나베 켄은 경차 옆에 서지도 않을 것 같은데도, 와타나베 켄은 연비 따위 신경도 안 쓸 것 같은데도, 와타나베 켄이 경차 옆에 서서 "연비가 좋다"라고 말하면 와타나베 켄에 시선을 빼앗긴 시청자는 와타나베 켄과 경차는 관계가 없다는 사실을 잊고 연비가 좋다는 것만 기억한다. 결국에는 자동차 딜러에게 가서 "와타나베 켄이 타는 차 주세요"라고 말하는 손님도 나타난다.

눈치챘을지 모르지만 나는 이 단락에서 와타나베 켄을 일곱 번 반복해 썼다. 덕분에 당신의 눈길을 끌었고 이미 머릿속에 연비 좋은 경차 한 대가 각인되었을 것이다. 꽤 많은 계약금과 출연료가 드는 데도 상품과 관계없는 유명인이 광고에 계속 등장하는 이유가 이것이다.

꼭 유명인이 아니더라도 이를 대체할 무언가, 예를 들어 인기 있는 뮤지션의 음악, 특이한 영상, 아름다운 풍경, 귀여운 동물, 어린아이 등도 시선을 끌기 위한 전술로 선택할 수 있다. 나 역시 쓸 만한 아이디어가 나오지 않아 일이 진척되지 않을 때 상사로부터 자주 "개 촬영해줘", "아기 내보내"라는 말을 들었다.

서점의 비즈니스서 코너에 서보자. 어째서인지 책 내용과 전혀 관계없는 개나 고양이, 풍경 사진으로 표지를 장식한 책이 분명히 있다. 결국 그런 것이다. 당신이 읽고 있는 이 책만 해도 그렇다. 이 책 표지 전면에 내 얼굴 사진을 떡하니 실어본다 한들 독자들에겐 별다른 의미가 없을 게 분명하다. 내가 '상품과 관계 있지만 결국은 무명인'이기 때문이다.

정직하게 하고 싶은 말을 늘어놔봤자 무시당하기 쉽다. 광고는 억지로라도 시선을 끌어서 상품의 메시지를 전달해야 한다.

4. 사람들이 신경 쓰는 지점을 건드린다

이목을 끈 틈에 광고주가 전하고자 하는 메시지를 호소하는 것이 광고의 기본인데, 여기에 다시 난제가 있다. 모처럼 시선을 끌었는데, '하고 싶은 말을 해도 사람들이 들으려 하지 않는다'는 점이다.

연비가 좋은 경차의 경우 그 사실을 제시해도 그것은 제조사가 하고 싶은 말일 뿐, 시청자가 자신의 문제로 받아들이기는 어렵다. '갑자기 그런 말을 해봐야…'가 된다. 반면, 시청자가 평상시에 신경 쓰는 문제를 전제로 말하면 귀담아들을 확률이 높아진다.

예를 들어 연비 좋은 자동차라면 구매자의 이익은 결국 돈을 절약할 수 있다는 점이니 그들이 생활 속에서 신경 쓰고 있는 돈에 관한 문제를 겨냥해서 메시지를 만들어야 한다. '연비가 좋다 → 돈이 절약된다'라는 사실을 구체적인 이익으로 치환하는 것이다.

여행을 떠날 수 있다, 해외여행을 갈 수 있다, 청년도 자동차 유지에 부담이 없다, 연금을 받는 세대도 소유할 수 있다, 새 옷을 살 수 있다, 매일 식탁에 반찬 하나를 더 올릴 수 있다, 유지 비용을 절감할 수 있을 뿐 아니라 환경 보호에 공헌하는 사람으로 보이게 된다 등등 다양한 접근을 생각할 수 있다.

비단 자동차 등 제품 광고에 국한된 이야기가 아니다. 돈을 절약할 수 있다, 남에게 멋있는 사람으로 보인다, 이성에게 호감을 얻는다, 가사 부담이 줄어든다, 가정이 원만해진다…. 이러한 결과를 얻으려는 마음은 모든 인간의 공통된 욕망이다. 성공한 광고들을 보면 홍보 대상이 무엇이든 '인간의 욕망과 관련된 지점'을 환기한 경우가 많다.

5. 훌륭한 광고는 발명이 아닌 발견이다

광고의 카피라이팅을 '새로운 말의 발명'으로 이해하는 경우가 있다. 하지만 세간에서 사용하지 않는 말을 만들어서 발표한다고 해봐야 의미가 통할까.

예컨대 사과 광고를 의뢰받고 '이 사과는 絵kfrhcjらktdlTek'라는 상당히 참신한 카피를 썼다고 한들 누가 읽을 수 있겠는가. 이 문장은 '이 사과는 달고 무척 맛있다'라는 문장을 컴퓨터의 언어변환키를 잘못 누르고 입력한 것에 불과하다.

광고는 상품의 장점, 기업이 하고자 하는 말을 가장 잘 전달하는 것에 그 가치가 있다. 그렇다면 전달하려는 내용은 서로가 잘 아는 말로 공유해야 효율적일 것이다. 거기에 조금이라도 좋으니 다른 각도에서 본 시점을 첨가하면 된다.

즉 좋은 광고 카피는 알기 쉬운 말로 쓰되, 약간의 발견이 있는 것이다. 유명한 예로 다음과 같은 카피가 있다.

"상상력과 몇백 엔"
신초문고

이 카피는 일본 광고사에 남는 명카피로, 어려운 단어는 없다. '저렴한 책값(몇백 엔)'이라는 문고본의 본질을 누구나 알 수 있도록 짧게 적었을 뿐이다.

이러한 발견에 이르기까지, 카피라이터는 상품과 기업을 조사하고 이해하는 과정에 충실해야 한다.

6. 초등학생에게 효과가 있으면 중년 남성에게도 효과가 있다

광고의 메시지는 발명이 아닌 발견이다. 이 새로운 발견을 까다로운 이론으로 전달할 필요는 전혀 없다.

귀에 딱 달라붙는 CM송을 무심코 흥얼거린 경험이 누구에게나 있을 것이다. 의미는 크게 생각하지 않고 반복해서 듣다가 어느 순간 마치 초등학생처럼 아무 가사나 붙여서 흥얼거리게 되는 노래들이다. 굉장히 유치하고 단순한 광고법이라고 생각할 수 있지만 그 효과는 엄청나다.

다시 설명하자면 어린아이에게 효과가 있는 메시지는 성인에게도 효과가 있다. 내용과 무관하게 단순하고 반복적일수록 뇌리에 쉽게 각인되기 때문이다. 어디를 봐도 중년 아저씨인 총무과장에게도 마음 깊은 곳에는 초등학생 무렵의 자신이 들어 있다. 결국 모든 사람의 내면에는 어린아이가 있다고 가정해도 된다.

CM송뿐 아니라 상품명이나 상품의 특징을 표현한, 언뜻 유치하게 들리는 말장난식 카피도 그렇다. 무조건 상품명이나 기업명을 기억하게 하고 싶을 때는 이론이 아닌, 어린아이의 마음으로 떠올린 아이디어가 빛을 발한다.

7. 상품과 관계없는 것도 광고가 된다

앞의 유명인을 활용한 광고에서도 기술했지만, 시청자의 이목을 끌어 메시지를 전하는 것이 광고의 한 형태라면, 광고하려는 상품과 특별히 관계가 없는 엔터테인먼트로 이목을 끄는 방법도 있다.

즉 광고를 의뢰받은 상품과 관련된 특장점이나 이점을 내세우는 것이 아니라, '상품과 별로 관계가 없지만, 제작자 자신이 재밌다고 느끼는 것'을 광고로 만드는 것이다. 일종의 '크리에이티브 점프'라고 할 수 있는데, 예컨대 SNS에서 화제가 된 방송을 패러디하거나, 인기 있는 캐릭터와 세계관을 바탕으로 광고를 만드는 것이다.

이는 기획한 사람이 개인적으로 재미있다고 느끼거나 사람들이 재미를 느낄 것 같은 세계를 먼저 구축하고, 광고를 일종의 놀이로 만들어 그 세계관 속에서 브랜드 소구를 이어가는 방식이다. 최근에는 이런 방식의 광고들이 SNS를 기반으로 큰 성공을 거두고 있다. 이 방법은 우선 '내가 재미있지 않으면 다른 사람도 재미있지 않다'라는 발상을 기본 전제로 둔다. 인간은 누구나 '재미'라는 본능을 따른다. 그런 면에서 조금은 엉뚱하더라도 재미를 줄 수 있다면 시청자의 이목을 끄는 데 충분하다.

번뜩이는 아이디어는 어디에서 오는가

광고회사의 업무는 어디까지나 대리업이다. 하지만 아무리 대리여도 해당 상품이나 기업의 어떤 점을 진심으로 '좋아하게' 되지 않으면 그 일을 계속 해나가기 힘들다.

상품을 개발하고 발매하는 광고주에게 업무에 대한 생각을 듣고, 그 상품이나 기업을 먼저 좋아하게 되는 것. 상품과 기업에 대해 조사하고 알게 됨으로써 대상을 사랑하는 것. 무엇보다 의뢰를 하고 보수를 지불하는 상대에게 도움이 되고자 하는 마음.

이는 프로페셔널한 대리인이 꼭 갖춰야 할 기초적인 자질이다.

나 역시 신입 사원 시절, 선배에게 광고 제작을 대리하는 자의 마음가짐은 '그 순간만큼은 성심성의, 짧지만 진정한 사랑'이라고 배웠다.

그리고 판매자 측인 광고주도, 대리인인 자신도, 받아들이는 시청자도 서로 이익을 나누는 동지라는 점을 잊어서는 안 된다. 애정이 없으면 광고주와의 커뮤니케이션이 불가능하며 광고를 보는 사람에게 의도를 전달하기도 힘들다.

침묵한다면 아무 일도 일어나지 않는다

지금까지 광고를 기획하는 쪽, 그러니까 크리에이터의 발상법에 대해서 기술했다. 그런데 반대로 광고주의 입장에서 광고란 무엇일까. 반대쪽 입장에서 생각했을 때 새롭게 보이는 부분이 있을 테니 간단하게 정리해보겠다.

광고주 입장에서 광고란 위험을 무릅쓰고 타인에게 자신을 소개하는 행위다. 침묵한다면 아무 일도 일어나지 않는다. 나를 알아주는 사람도, 내게 관심을 갖는 사람도 없다. 적어도 누군가와 좋은 관계를 맺고 싶다면 자신의 매력을 최대한 살려 나를 표현해야 한다.

그러나 여기에는 적잖은 시간과 비용이 소요된다. 그래서 아무 때나 손쉽게 할 수 없다. 자주 오는 기회가 아니니만큼 상대가 기억해줄지, 이해할지, 호감을 가질지, 깊은 관계를 맺을 수 있을지를 신중히 생각한 후에 행동해야 한다.

미팅에서의 자기소개를 떠올리면 쉽게 이해할 수 있다. 잘 보이고 싶다고 해서 자랑을 늘어놓는 건 최악이다. 그렇다고 아무 말도 안 하면 그곳에 없는 것과 마찬가지다. 자신의 특기가 유머러스함인지, 성실함인지, 외모인지, 그 부분을 잘 생각하지 않으면 실패할 가능성이 높다.

광고 제작자는 먼저 당신의 이야기를 잘 듣고 장점을 파악한 후에, 장황하지 않게 포인트를 잡아 간결하면서도 매력적으로 인사하는 방법을 고민하는 사람이다.

가장 잘 어울리는 이미지를 찾아가는 과정

미용실에 가면 가장 먼저 "어떤 스타일을 원하십니까?", "어떤 모습이 되고 싶습니까?"라는 질문을 받는다. 고객에게 원하는 스타일을 묻지 않고 무작정 머리카락을 자르는 미용사는 없다. 광고 제작의 출발점도 이와 비슷하다. 고객, 즉 광고주가 어떤 모습을 원하는지, 어떻게 보이기를 원하는지 먼저 물어보고 그에 맞게 기술을 발휘한다.

하지만 "텔레비전에 나오는 유명 배우처럼 해주세요!"라는 요청을 받았다고 해서, 그 사람과는 그다지 어울리지 않는 헤어스타일을 연출하면 손님도 미용사도 불행해진다.

광고 역시 광고주로부터 "○○○ 기업이 하고 있는 광고와 비슷한 광고를 만들고 싶다"라고 요청받는 경우가 있다. 하지만 고객이 원하는 광고가 해당 기업의 이미지나 상품의 특성에 맞지 않을 경우 그 생각을 단념시키는 것도 광고 제작자의 중요한 업무다. 내가 보여주고 싶은 모습이 실제 나와 어울릴지는 다른 문제다.

결과는 누구도 알 수 없다

공장을 설립할 때는 공장을 가동해서 얼마만큼의 수익을 얻을 수 있을지 미리 계산한다. 원료를 구입할 때 역시 그 원료를 가공해서 얼마만큼의 이익을 얻을 수 있을지 예측한다.

광고가 성공해서 제대로 메시지가 전달되면 상품을 대량 생산하게 되어 이익이 높아질 뿐 아니라, 결과적으로 기업 자체를 홍보하는 역할을 해 우수한 인재가 모이고 브랜드 이미지가 좋아질 수 있다. 이렇듯 성공했을 때의 비용 대비 효과가 크기 때문에 세상에 광고가 끊이지 않는 것이다. 하지만 광고는 예산을 투입한다고 해서 반드시 이익이 나는 것은 아니다.

그런 의미에서 광고는 '도박'에 가깝다고 할 수도 있다. 그러니 일을 의뢰하는 쪽도, 그 일을 맡아 수행하는 쪽도 다음의 사실을 잊어선 안 된다.

'광고 제작자는 경영컨설턴트가 아니다.'

광고는 확실하게 이익을 내는 투자가 아니며, 광고 제작자는 고객사와 함께 투기에 도전하는 파트너다.

무책임하게 생각하고, 결과에 책임을 진다

어떤 기업이 자사를 알리거나 직접 상품을 홍보하려고 하면 그 발상은 어느 순간 자화자찬이 되어버린다. 반면에 광고 제작자에게는 어디까지나 남의 회사일 뿐이다. 쉽게 말해 고객사의 상품이나 기업을 좋아한다고 해도 그 성패에 결정적으로 좌우받지 않는다. 하지만 그런 입장 차이는 오히려 실제 광고 제작에 있어 긍정적인 영향을 미치기도 한다. 어느 정도는 무책임하기 때문에, 의뢰받은 상품이나 기업에 대해 객관성을 유지하면서 생각할 수 있으니 말이다.

실제로 광고주가 먼저 어떤 메시지를 전하고 싶은지를 정리한 문서에는 대체로 '이 제품과 우리 회사는 우수하고 훌륭하며, 이것도 좋고 저것도 좋고 모든 면에서 최고입니다. 소비자는 분명 우리 제품을 보고 지갑을 열고 싶을 것입니다'와 같은 감상만 가득한 경우가 상당수다.

이때 광고 제작자는 무책임한 타인의 시각으로 잘라버릴 부분은 자르고 제3자에게 조금이라도 호감을 얻을 만한, 겸허하고 재미있는 표현을 만들고자 고민한다. 해당 기업이나 상품에 대해 무심할수록, 결과에 대한 책임감에서 거리를 둘수록, 미처 예상 치 못한 '크리에이티브 점프'를 불러올 가능성이 크다.

단, 광고 제작자는 무책임하게 생각한 결과에 대해 책임을 져야 한다. 성공해서 추가로 보수를 받는 것도, 지속적으로 광고 제작 의뢰를 받는 것도, 실패해서 두 번 다시 찾지 않는 처지가 되는 것도 광고 제작자를 생업으로 선택한 사람들이 짊어져야 할 책임이다.

유능한 과학자와 무능한 과학자의 차이

"유능한 과학자와 그렇지 않은 과학자의 차이는 처음에 세운 가설에 있다."

이는 노벨상 수상자 도네가와 박사의 말이다. 과학의 세계에서는 생각해야 할 과제에 대해 먼저 '가설'을 세운다. 그다음 '혹시 이 생각이 맞지 않을까?' 하는 직감을 증명할 실험을 거듭한다. 그 결과 재현성을 보이는 것만이 과학적 사실이 된다.

광고도 마찬가지다. 먼저 소구점이나 카피에 관해 가설을 세운 다음, 과학 실험에 해당하는 실제 광고를 내보낸다. 하지만 광고는 일단 대중 앞에 나가면 끝이기 때문에 처음에 틀리면 의미가 없다. 그래서 광고 제작자와 광고주는 가설을 세우는 시점에서 확실하게 합의해야 한다.

참고로, 나는 '도네가와 박사'라는 명칭이 도네가와 강(일본, 간토의 강)에 대해 해박한 지식을 가진 연구자의 별명이라고 생각했다. 틀렸다. 이것이 바로 가설이 틀린 예다.

글쓰기에 도움이 되는 생각법

광고주와 광고 제작자가 생각의 차이를 극복하고 함께 일하는 과정은 글 쓰는 사람의 머릿속에서 벌어지는 일과 비슷하다. 광고주는 독자를 고려하지 않는 작가와 비슷하다. 내 입장에서 전하고 싶은 말만 생각한다. 그러나 광고 제작자는 광고를 만드는 동안 읽는 사람, 제3자의 입장을 생각한다. 즉 독자의 입장에서 글을 쓰는 사람이다. 어떤 글을 쓸 때, 처음에는 머릿속에 내가 하고 싶은 말만 잔뜩 떠오른다. 그 말들을 하나씩 정제하면서 골라내다 보면 어느 순간 머릿속에는 읽는 입장에 선 또 다른 내가 자리하게 된다. '(독자로서) 읽는 내가 재밌나?'라는 생각이 싹트면서, 비로소 그 글은 독백이나 일기가 아닌 읽히는 글의 형태로 발전하게 된다.

나는 광고회사에서 카피라이터와 CM플래너로 24년을 보냈는데, 그 경험은 지금 내가 다음 직업으로 고른 '작가로서 글 쓰는 일'에 크게 활용되고 있다.

광고 제작자는 발신자가 아니다. 자신이 만든 광고를 '작품'이라고 부르는 사람이 있는데, 나는 그런 태도는 잘못됐다고 생각한다. 광고는 의뢰를 받아 작업한 '제작물'이다. 광고 제작자는 무책임하게 대리를 맡아보는 입장이다. 이런 태도로 오래 일하다 보면 그 일을 이해하고 배우는 입장이 아닌, 읽는 쪽의 입장에서 쓰는 강점이 생겨난다.

객관적인 자세로 대상을 대하는 것, 대상에 대해 조사하고 파악하는 것, 대상에 애정을 느낄 만한 포인트를 찾아내는 것, 전달할 내용을 응축해서 짧은 문장으로 정리하는 것 그리고 무엇보다 자신이 재밌다고 느끼지 못하는 것은 타인도 재밌어하지 않는다는 사실을 수천만 명의 시청자를 상대로 피부로 느끼는 것.

광고 카피라이터로서 생각하고 실행해야 하는 것은 작가로 에세이를 쓰는 것과 상당히 비슷하다. 당신이 만약 무언가 과제를 부여받고 그것에 대해 쓰는 작가가 되었을 때, 광고를 만들고 카피를 쓰는 것처럼 생각해보자.

그런 태도는 글을 쓸 때 분명 도움이 될 것이다.

2강.

누구에게 쓸 것인가

: 많은 사람이 찾아 읽는 글의 탄생

마이클 잭슨의 노래 중에 〈맨 인 더 미러(Man In The Mirror)〉라는 명곡이 있다. '세상을 바꾸고 싶어? 만약 그렇다면 먼저 저 거울 속의 남자, 즉 너를 바꾸지 않으면 아무것도 변하지 않을 거야'라고 호소하는 노래다.

여기에서는 세상에 만연해 있는 '누군가에게 메시지를 전하자'라는 메시지 자체가 틀렸다는 사실을 설명하고자 한다. 우리는 아무도 칭찬하지 않는다고 해도, 아침에 외출할 때 최소한 내 마음에 드는 옷을 입는다. 글도 그러면 된다.

10.

타깃 따위는
없어도 된다

특정한 누군가에게 하고 싶은 말을
정확히 전달하는 것은 불가능한 일이다.
타깃을 설정하는 부담은 오히려
억지스러운 글을 만든다.

글쓰기를 다룬 수많은 책은 대부분 "읽는 사람이 누구인지를 명확하게 정한 후 써라"라고 주장한다. 예를 들어 '20대 여성의 마음을 울리는'이라는 접근방식으로 글을 쓰라는 건데, 그 방법을 아는 50대 남성이 있다면 실제로 20대 여성에게 인기가 많을 것이다. 그리고 그런 걸 아는 남자는 어두운 방 안에서 혼자 글 따위를 쓰지 않는다.

　　"타깃을 상정하자"라니. '타깃'이라는 단어는 정말이지 저속하다. 애초에 글쓰기에 타깃이 존재할 수 있을까? 사격과 글을 혼동해서는 안 된다.

　　인스타그램에서 인기 있는 사진 찍는 요령, 블로그에서 조회

수를 높이는 법 같은 걸 알려주는 책도 있다. 여기에서 인기가 있어야 하고, 저기에서도 인기가 있어야 하고…. 연예인이 되고 싶은 건지 당최 원하는 바를 모르겠다.

"단 한 사람에게 편지를 쓰듯 써라"라는 말도 있다. 꽤 그럴듯해 보이지만, 그런 글은 모바일 메신저에서나 쓰는 편이 낫다.

생각해보자. 애초에 특정한 누군가에게 하고 싶은 말을 정확히 '전달'하는 일이 가능하기는 한 걸까. 안타깝지만 생각과 현실은 상당히 차이가 있다.

내가 일한 광고업계에서 카피라이팅 업무는 '30대 여성에게 이 옷의 장점을 전하는 글을 써라', '중학생이 이 과자에 흥미를 느낄 만한 말을 생각해라' 같은 타깃론의 세계에 속해 있었다. 하지만 막대한 비용을 들이는 광고도 결국 텔레비전이나 인터넷 등 불특정 다수가 보는 곳에 '놓여지는' 것이지, '전해지는' 것은 아니다.

광고인들로 구성된 극단에서 올린 연극 작품 중에 이런 내용이 있다.

한 맥주회사의 홍보 담당이 특정 타깃에게 팔릴 만한 맥주로 '겨울, 목욕을 마친 여성이 마시는 맥주'라는 카피를 생각한다. 그러자 상사는 "이봐, '여성'으로 인구의 절반, '겨울'로 1년 중에 4분의 1, 더욱이 '목욕 후'로 하루 중 수십 분 고객을 한정하고 있지 않는가. 상품명은 '모두의 맥주'로 해"라고 질책한다.

맞는 말이다. 읽는 사람을 상정하고 쓰지 않아도 된다. 그런 부담이 오히려 재미도 없고 감동도 없는 억지스러운 글을 쓰게 되는 원인일 수 있다. 그 글을 처음으로 읽는 사람은 분명히 자신이다. 나 자신을 납득시킬 수 있다면 그것으로 충분하다. 내가 읽어서 재미없다면 쓰는 것 자체가 헛된 일이다.

11.

굳이 쓰지 않아도 되는 것은 쓰지 마라

'내가 하고 싶은 말을 쓴 사람이 없다.
그렇다면 내가 쓰는 수밖에 없다.'
이것이 전제된 글이 독자가 진정
읽고 싶어 하는 글이 아닐까?

　　　　나를 재미있게 하는 글을 쓴다는 건 아직 아무
도 읽지 않은 글, 그러니까 어디서도 볼 수 없던 글을 내 손으
로 창작한다는 뜻이다.

　　예컨대 영화를 봤다고 하자. '이 부분이 재밌었다', '이 장면은
의아하다' 등 다양한 생각을 할 것이다. 이것이 앞서 말한 '영화
라는 사상에 의해 심상이 생겨나는 상황'이다.

　　하지만 지금은 곳곳에 글이 넘쳐난다. 영화 팸플릿, 전문 평
론가의 의견이 실린 《키네마 준보》(1919년 창간해 현재까지 일본 최
고의 권위를 인정받는 영화 전문 잡지), 《영화비보》(한국계 일본인인 영
화평론가 마치야마 토모히로가 창간한 진보적 성향의 영화 전문 잡지) 등
의 영화 잡지에 수많은 칼럼이 선보이고 있고, 라디오는 물론

유튜브 등 1인 미디어를 통해 다양한 해설을 들을 수도 있다. 또한 수많은 영화 리뷰, 영화 블로그, 트위터에서의 감상문도 보인다.

이런 상황에서 누군가가 나와 비슷한 감상평을 나보다 풍부한 어휘로 썼다거나, 내가 느낀 의문점에 대해 납득할 만한 고찰을 충분히 언급했다면 굳이 내가 글을 써야 할 이유가 있을까?

타인의 글과 같은 내용을 써서 인터넷 세계에 방류하면 당신에게 돌아오는 반향은 "○○ 씨가 했던 말과 똑같네요"뿐이다. 만약 나쁜 마음을 먹고 다른 사람의 글을 모방한 글로 원고료를 받으려고 한다면, 당신에게 돌아오는 것은 칭찬이 아닌 경찰이다. 또는 저작권자가 보낸 내용증명서다.

'내가 하고 싶은 말을 쓴 사람이 없다. 그렇다면 내가 쓰는 수밖에 없다.'

이것이 바로 독자의 입장에서 읽고 싶은 글을 쓰는 행위의 출발점이다.

앞에서도 얘기했듯이 요즘은 시사 문제에 대한 의견, 사건이나 사고에 대한 고찰, 영화와 텔레비전 프로그램과 책에 대한 감상, 사상에 이끌린 언설(言說)이 인터넷에 넘쳐난다. 그런 의미에서 독창성이 있는 나만의 글을 쓰기가 무척 힘든 시대가 되었다.

하지만 다른 관점에서 보면 굳이 쓰지 않아도 될 것을 쓸 필요가 없다는 것은 어떤 의미에서는 편한 일이다. 특별히 새로운 견해나 의문이 없고, 독자로 만족한다면 마음 편히 독자로 남자.

어디선가 읽은 내용을 고생고생해가며 글로 쓴다고 해도 아무도 읽지 않을뿐더러 자신도 즐겁지 않을 테니 말이다.

12.

"저는 제 글이
재미있는데요?"

글을 쓰는 것은 나의 혼잣말에
내가 웃는 것과 비슷하다.
누군지도 모르는 독자를 기쁘게 하려고
애쓰기보단 먼저 나 자신을 기쁘게 하는 것이
훨씬 쉽고 간단하다.

솔직히 말해 나는 글 쓰는 것이 좋다는 사람을 이해할 수 없다. 내게는 세상에서 제일 싫은 일이기 때문이다. 내가 가장 좋아하는 일은 카레라이스를 먹는 것이며, 거기서부터 순위를 매기자면 글쓰기는 대략 1863위 정도가 된다.

이 세상에 글을 쓰는 작업만큼 고된 일이 또 있을까.

차라리 풀코스 마라톤을 뛰는 편이 나을 거라고 본다. 매년 수많은 사람이 참가하는 도쿄마라톤대회에서 '달리고 싶은 이유를 1만 자 분량으로 쓰시오'와 같은 완주 조건을 단다면, 대부분 400자 정도 쓰다가 기권할 것이다.

나는 자발적으로 글을 쓰고 싶다고 생각한 적은 한 번도 없다. 카피라이터 업무를 시작한 건 회사에서 그런 부서에 배치되었기 때문이었고, 영화평을 게재한 것도 요청을 거절하지 못했기 때문이었으며, 지금 집필 중인 이 책도 의뢰받았기 때문에 어쩔 수 없이 쓰고 있다.

하지만 아무리 싫어도 어쩔 수 없다. 쓰겠다고 약속한 이상 무거운 허리를 일으켜 쓰기 시작한다. 하기 싫은 일을 조금이라도 유쾌하게 하기 위해서는 내가 써서, 내가 읽고, 즐거운 기분이 되는 것 이외에는 방법이 없다. 그러는 동안에 나 자신이 독자가 된다.

그렇게 쓰는 것은 혼잣말을 하고 그 말에 혼자 웃는 것과 비슷하다. 어찌 보면 바보 같지만, 나에 대해 잘 알고 있는 사람은 나 자신이기 때문에 모르는 독자를 상정해서 기쁘게 해주려고 애쓰는 것보다 훨씬 쉽고 간단하다.

이렇게 나 혼자 멋대로 즐거워했던 결과물을 의뢰인에게 넘긴다. 내게 글쓰기란 그런 것이다.

작가로 유명해지고 싶다는 사람을 자주 보는데, 그런 인정

욕구를 충족하기 위해서라면 긴 글을 쓰는 것은 노력에 비해 수지가 맞지 않는다. 글을 쓰는 목적이 사회에서 인정받고 칭찬받고 싶은 것이라면 100미터를 10초 이내로 달리기 혹은 역앞 광장에서 노래 부르기, 유명 유튜버 되기, 친구와 개그 콤비 결성하기 등 좀 더 현실적이고 빠른 지름길이 얼마든지 있으니 다시 생각하는 게 낫다.

한밤중에 어두컴컴한 방 안에서 허리 통증을 견디며 키보드를 두드려 글을 쓰고, 자신이 쓴 글을 보며 조금 웃는 것. 그것이 글 쓰는 사람의 생활이다.

쓰겠다고 약속한 이상
무거운 허리를 일으켜
쓰기 시작한다.

하기 싫은 일을 조금이라도
유쾌하게 하기 위해서는
내가 써서, 내가 읽고, 즐거운 기분이
되는 것 이외에는 방법이 없다.

13.

내가 쓴 글로 좋은
반응을 얻고 싶다면

처음부터 내가 쓴 글이 많은 사람에게
읽혔으면 좋겠다는 기대는 버려라.
역설적이게도 기대 없이 쓴 글이
많은 사람에게 읽혀 좋은 반응을 얻기도 한다.

당신이 허리 통증과 졸음을 견뎌내며 1만 자 분량의 원고를 썼다고 해보자. 자신이 흥미를 느낀 사상에 대해, 자신이 품은 심상을, 자신이 읽어서 재밌도록 써냈다.

　　자, 이제 누가 읽어줄까.

　　아무도 읽지 않는다. 단 한 명도 읽지 않는 것이다.
　　사실이다. 나처럼 의뢰한 사람이 있고 그 글을 게재할 공간이 처음부터 준비되어 있어도, 아무도 읽지 않는다. 더군다나 글을 선보일 곳이 본인이 직접 개설한 인터넷 공간 뿐이라면 온 정성을 들여 써봐야 정말 아무도 읽지 않는다.

왜일까.

간단하다. 당신은 우타다 히카루(일본의 유명 가수)가 아니기 때문이다.

예컨대 당신이 '로마제국 1480년의 역사'라는 사상에 흥미를 느껴 열심히 자료를 조사해서 엄청나게 흥미진진한 심상을 갖추고, 자신이 읽어도 재미있는 지식과 위트로 무장한 글을 인터넷에 올렸다고 하자. 수십 명부터 많게는 몇천 명 정도가 우연히 보고 끝날 것이다.

하지만 우타다 히카루가 840엔짜리 등심 돈가스 정식이 정말 맛있었다는 이야기를 쓰면 어떨까. 수백만 명이 앞다퉈 읽고, 온갖 코멘트가 수없이 달리고, 일본의 돼지고기 판매량이 급증할 것이다.

당신의 '로마제국 1480년'은 '등심 돈가스 정식 840엔'에 완패한다.

글쓰기 입문서에는 '무엇을 썼는지'가 중요하다고 가르치는 책이 많은데, 현실은 다르다. 대부분의 사람에게는 '누가 썼는지'가 더 중요하다.

따라서 타깃층에 호응을 얻고 싶다, 일단 많이 읽혔으면 한다, 작가로 유명해지고 싶다 등의 바람은 처음부터 깨끗하게 버리는 것이 정신건강에 좋다. 그리고 내가 쓴 글을 스스로 재미있다고 느끼면 그것으로 충분히 행복할 수 있다는 것을 먼저 깨달아야 한다.

역설적이게도 이렇게 하면 오히려 당신의 글이 누군가에게 읽힐 기회가 생긴다.

예전에 전국 고교야구 선수권대회를 보도한 신문에서 "무욕의 정신으로 우승을 노리는 ○○농업고등학교"라는 영문 모를 헤드라인을 읽은 적이 있다. 어떻게 욕심 없이 우승을 노린다는 건지 모르겠지만, 아무튼 그런 정신으로 썼으면 한다.

다만, '나는 일단 우타다 히카루 같은 유명인이 된 뒤에 에세이를 써서 팔고 싶다'라고 생각한다면 반대하지 않는다. 그것은 꽤 바른 자세다. 물론 유명인이 되는 것도 쉽지 않은 일이지만, 일단 본인의 입지가 탄탄할수록 사람들에게 좋은 반응을 받으며 읽힐 가능성이 높은 건 분명하다.

14.

어떠한 평가에도
흔들리지 않는 법

평가는 내 몫이 아니라는 것을 기억하라.
타인의 평가에 연연하지 않아야 하는 이유다.
참고는 해도 일일이 반론할 필요는 없다.

아무도 읽지 않는 것 같지만 인터넷에 글을 올리면 몇 명은 읽어주기도 한다. 그 글이 소문이 나면 수만 명, 수십만 명이 읽을 가능성도 없지는 않다.

　책을 내고 싶은 사람이 출판사에 우편을 보내 투고할 수밖에 없던 과거와는 달리, 인터넷상에서 본인이 먼저 이슈가 되어 출판사로부터 출간 제의를 받고 책을 내는 경우도 심심치 않다. 이렇듯 인터넷 시대는 곧바로 반응이 나타난다. 비단 출판 관계자뿐이 아니다. 글을 읽은 사람이라면 누구나 감상이든 칭찬이든 비판이든 반론이든, 코멘트로 자기 의견을 피력하는 세상이 되었다.

하지만 거기에는 긍정적인 반응이나 진중한 조언만 있는 게 아니다. 소위 '악플'이라 불리는 것도 달릴 수 있다. "그건 당신만의 생각일 뿐이지"라며 비웃는 사람도 있고 말도 안 되는 헛소리라고 잘라 말하는 사람도 있다. "당신의 생각은 용납할 수 없어"라며 화를 내는 사람, 굳이 재미없다고 구구절절 욕하는 사람도 있다. 세상에는 상식을 뛰어넘는 고지식한 사람도 있는 것이다.

흔들리지 말자. 내가 쓴 글을 읽고 기뻐하는 사람은 우선 자기 자신이라는 것이 이 책의 요지다. 글에 만족하는지 안 하는지, 글이 재미있는지 아닌지는 자신이 결정하면 된다.

하지만 평가는 다른 사람의 몫이다. 타인이 어떻게 생각할지는 당신이 결정할 수 있는 일이 아니다. 참고는 해도 일일이 반론할 필요는 없다.

"이 사람의 개그는 미끄러졌다(썰렁하다는 의미)"라고 비판하는 사람도 있다. 그러나 미끄러지는 것이 당연하다. 스키를 떠올려보자. 스키를 타지 못하는 사람은 미끄러지려고도 하지 않는다. 자신은 스키를 타려는 시도조차 하지 않으면서 스키장을 어슬렁거리며 남을 비판하는 데 시간을 허비하는 사람은 상대할 필요가 없다.

반대로 칭찬을 받을 때도 문제는 있다. 한번 칭찬받으면 다음에도 칭찬받고 싶다는 생각에 사로잡혀 글 쓰는 재미를 잊는다. 악플을 두려워하든 칭찬에 중독되든 평가의 노예가 되는 순간부터 글쓰기가 싫어질 것이다.

인생의 주인이 자신이듯, 글의 주인도 자신이다. 쓰는 것은 언제나 나 자신이다. 아무도 대신해서 써주지 않는다. 당신은 당신 인생을 살아야 한다. 그 좋은 방법 중 하나가 바로 '글쓰기'다.

실전 글쓰기 2

매력적으로 나를 소개하고 싶다면

또다시 쓸모 있는 글을 써버렸다

집요하게 반복하지만 이 책은 글쓰기 원론을 알려주는 입문서도, 글쓰기 기술을 소개하는 비즈니스서도 아니다. 그런데 또다시 실용적인 내용을 써버리고 말았다.

그렇다고 이 부분을 단순히 쉬어가는 페이지로 본다면 곤란하다. 사실 여기에 책 한 권 분량의 정보가 담겨 있기 때문이다. 별도의 책으로 쓰면 좋았겠지만, 이 부분만 오려서 보관하길 바란다. 앞에서도 말했지만 부디 이 책이 중고책 시장에서 1엔에 팔리는 일이 없도록 필요한 부분만 오려두고 나머지는 재활용 쓰레기통에 버리자.

이 글을 읽으면 학생은 물론, 이직을 고민 중인 사람도 원하는 회사에 한발 가까워질 것이다.

광고회사에서 근무하는 동안 광고업계가 궁금한 학생들의 회사 견학이나 취업 상담 요청을 족히 수백 건은 받았다. 퇴직한 후에도 지방자치단체나 여러 기업의 요청으로 이른바 '취업 준비 세미나'의 강사를 맡으면서 이력서를 어떻게 써야 하는지 가르쳤다.

당신이 준비해야 할 것은 단 두 가지뿐

여기서도 정의가 중요하다. 취업 준비, 흔히 '취준'이라고 줄여서 부르기도 하는데, 일본에서는 일반적으로 '정규 고용을 염두에 둔 취업 준비'라는 의미로 사용한다.

정규 고용이란 '기간 한정이 없는 노동계약'을 뜻한다. 이른바 종신 고용이라는 뜻이다. 이를 위한 활동에서 가장 규모가 큰 것은 대졸 신입 사원을 한꺼번에 채용하는 '신규 일괄 채용'이다(우리나라로 치면 신입 공채에 해당한다).

정식 채용에 관한 문제이니 만큼 채용하는 입장에서는 격식을 갖춘 '자기소개'와 '지원동기'가 중요하다. 어떤 취업 활동에서

든 일단 지원자가 자기소개서를 보내면 회사에서 서류를 검토하고, 그 과정을 통해 선택된 사람이 부름을 받아 면접에 응하는 단계를 거친다.

그런데 그러는 동안 자기소개서를 보낸 당신은 무엇을 하고 있을까.

아무것도 하지 않는다. 굳이 말하자면 연락을 받고 '면접을 보는 것'뿐이다. 만약 고교야구 선수라면 입단 테스트를 받으러 가서 눈앞에서 홈런을 쳐 보임으로써 프로 구단에 취업할 수 있다.

하지만 취업 전선에 선 당신은 아무것도 하지 않는다. 당신은 특별히 장점을 보여줄 수 없고 자기소개서라는 서류와 면접에서의 답변만으로 취직에 성공해야 한다. 정말이지 '쓰기만 하고, 말하기만 하는' 세계다. 곰곰이 생각해보면 굉장한 일이다.

그 과정에서 당신에게 묻는 것은 두 가지뿐이다. 바로 "당신은 무엇을 해왔는가"와 "우리 회사에서 무엇을 할 수 있는가"다. 이를 흔히 자기소개와 지원동기라고 하는데, 내 생각엔 이 말이 오해의 근원이다.

모든 지원동기는 거짓말이다

먼저 지원동기의 이상한 점에 대해 이야기해보겠다. 흔히 사람들이 떠올리는 지원동기는 다음과 같다.

"귀사의 성장 가능성과 장래성을 느꼈다."

곱씹어보면 정말 우스운 말이다. 그렇게 성장 가능성과 장래성을 느꼈다면 입사 따위 하지 말고 주식을 사는 편이 낫다. 1997년에 아마존 주식 10만 엔어치를 샀다고 가정해보자. 2019년 5월 시점에서 그 10만 엔은 얼마나 됐을까? 약 1억 엔이다.

"특정 기업의 지원동기에는 구체적인 근거가 필요하며, 얼마만큼 기업에 대해 파악했는지가 중요합니다. 철저하게 조사해서 문제점을 지적하면 지원자의 열의가 전해집니다"라고 가르치는 책도 있다.

하지만 "귀사의 임원인 사카키바라 씨는 3분기에도 매출 실적이 저조하네요. 경질해야 합니다. 그리고 상무인 사사모토 씨는 여성 관계가 좋지 않군요. 이사회에서 퇴임시킵시다"라고 했다고 하자. 면접에서 이렇게 지적하는 학생을 어떤 회사가 원할까. 조사가 지나쳤다.

"그 회사에서 당신이 하고 싶은 일을 말하시오. 일하는 동안 이루고 싶은 꿈을 말하시오"라고 말하는 취업 지침서도 많은데, 정말 간절하게 하고 싶은 일이 있다면 누군가에게 고용되는 것보다 직접 회사를 세우는 편이 낫다. 요즘은 1인 창업 등 큰 부담 없이 자기 사업을 꾸려가는 사람도 많고 이를 위한 지원제도도 마련되어 있다.

길게 설명했지만 내가 하고 싶은 말은 하나다. 모든 지원동기는 거짓말이다. 애초에 "미쓰이물산에 들어가고 싶다", "도요타에 들어가고 싶다", "소니에 들어가고 싶다"라니, 그런 곳이라면 누구라도 들어가고 싶다.

결국은 모두 회사의 이름밖에 모른다. 그 회사에서 근무하고 있는 사람들 역시 자기 회사의 업무 전반을 꿰지는 못한다. 그런데 아직 들어가지도 않은 사람이 무엇을 안다는 것인가.

지원동기는 아무래도 상관없다. 거짓말을 하느니 "회사 이름을 알고 있어서 지원하러 왔습니다"라고 말하는 편이 훨씬 낫다. 그보다는 자신의 이야기를 하자. 채용 담당자가 궁금한 것은 그쪽이다.

자기소개에 관한 가장 큰 오해

전형적인 자기소개는 "나는 ○○한 사람입니다" 같은 것이다. 흔히 "저는 스키 동아리에서 간사를 맡아 서른 명을 이끄는 역할을 했기 때문에, 리더십이 있습니다"라는 식인데, 이것도 이상하다. 당신에게 리더십이 있는지 없는지 판단하는 사람은 면접관이지 당신이 아니다.

스스로에게 좋은 라벨을 붙인다고 다른 사람이 그것을 액면 그대로 읽어줄 리 없다. 만일 누군가 그렇게만 해준다면 나는 '대부호, 선한 사람, 지도자가 될 그릇' 등 온갖 지칭어를 이마에 매직으로 쓰고 돌아다니겠다.

지난 경험을 하나부터 열까지 읊는 사람도 있다. "대학 시절에 카누로 아마존을 종단했고, 테니스 대회에서는 우승까지 했으며, 대중음악 동아리에서 밴드 활동도 했습니다"라며 이것도 했고 저것도 했다고 과거사를 다 끄집어내는 것이다. 이런 경우 대부분 과장이 섞인다.

하지만 면접관은 못해도 40~50년, 혹은 그 이상을 살아왔다. 겨우 20대 초중반의 학생이 그렇게 뭐든 할 수 있을 리가 없다고 생각할 것이다. 사실이라고 해도 한 번에 많은 것을 이야기하면 기억할 수 없다.

가장 말하고 싶은 것 한 가지만 말하자. 그것이 올바른 자기소개다.

핵심이 될 한마디를 준비하자

그렇다면 자기소개서는 어떻게 써야 할까. 대부분의 취업 준비생은 앞서 예를 든 것처럼 "경험을 통해 리더십을 키웠고, 귀사에 장래성을 느꼈습니다"라는 식의 멘트를 자기소개서에 적고, 또박또박 말하는 면접 연습을 하고 있을 게 분명하다.

둘 다 최악이다. 중요한 것은 상대방으로 하여금 스스로 질문하게 하는 것이다. 묻지도 않은 말을 하면 듣는 사람은 귀찮다. 반면 핵심적인 한마디를 짧게 말하면 상대방은 질문을 한다.

일상생활에서도 "오늘 있지, 아침에 일어나서 칫솔에 치약을 짜려는데 잘 나오지가 않아서 너무 짜증이 났는데…" 등등 장황하게 떠들면 듣는 사람은 지긋지긋하다. 하지만 방에 들어와서 갑자기 "너무 짜증나!" 하고 한마디를 외치면 상대방은 "왜 그래?"라고 묻지 않을 수 없다. 그 순간 대화의 주도권은 내 것이 된다. 상대방이 물어봤으니 당신에겐 당당하게 치약 이야기를 할 권리가 있다.

그 핵심적인 한마디가 바로 '헤드 카피'다. 자기소개서에 무언가를 장황하게 써봐야 아무도 읽지 않는다. 채용 담당자는 글자가 빼곡한 자기소개서를 읽는 데 지쳐 있다.

나의 입사지원서를 공개한다

잠시 다음의 입사지원서를 보았으면 한다. 믿기지 않겠지만, 이것은 내가 1993년도에 취업을 위해 모든 기업에 보냈던 것과 거의 똑같다. 다른 부분은 증명사진이 현재의 영락한 몰골이 되었다는 점뿐이다.

주식회사 OOO 신입사원 입사지원서

성명	다나카 히로노부(田中泰延)
성별	남자
생년월일	1969년 10월 23일(만 23세)
최종 학력	와세다대학 제2문학부

자기소개

트럭운전사

지원동기

귀사가 나를 필요로 하는 것처럼 느껴져서.

장점

박람강기(博覽強記) – 책을 많이 읽고 내용을 잘 기억함.
질실강건(質實剛健) – 내면이 충실하고 심신이 모두 강인함.

학생 시절 열심히 했던 활동과 입사 후 활용 가능한 것

4톤 트럭에 대한 것이라면 무엇이든 물어봐주십시오.

지금까지 가장 힘들었던 일과 대처 방법

운전면허시험에서 세 번이나 떨어졌는데,
그 후 트럭운전사가 되어버린 일.

10년 후의 비전

사회에서 적당한 위치를 잡고,
누군가에게 도움을 주며 보수를 받고 있을 겁니다.

존경하는 사람과 그 이유

아버지. 결혼을 여섯 번이나 해서.

당시를 모르는 젊은 세대에게 이 입사지원서를 보여주면 "일자리가 넘쳐나던 버블 시대죠?"라고 묻는다. 천만의 말씀. 1993년은 이른바 '취업 빙하기'에 완전히 돌입해 있었다. 신입 사원을 채용하기는커녕 기존 경력직들도 거리로 내몰 만큼 채용 시장 전체가 꽁꽁 얼어붙어 있었다.

각설하고, 이제 와 다시 보면 입사지원서라기보단 거의 헤드카피로만 이루어진 '나를 알리는 포스터'다.

나는 상대방이 질문하게 하는 것이 중요하다고 생각했다. 머릿속에서 면접 날에 오갈 법한 대화를 시뮬레이션해 보았다. 어떻게 해야 면접관이 내게 질문을 던질까? 처음이 중요하다. 아마 먼저 입을 여는 건 면접관일 것이다. 만일 그가 "자네는 학생 시절에 무엇을 했나?"라고 묻는다면 딱 한마디, "여기에 적었듯이 트럭 운전사로 일했습니다. 오늘은 업무를 쉬고 왔습니다"라고만 한다. 그러면 면접관은 "그게 무슨 말이지?" 하고 관심을 갖기 시작한다.

됐다. 그때부터 천천히 이야기한다. 이야기를 듣고 싶은 쪽은 상대방이므로 서두를 필요가 없다. "저는 야간 대학을 다녔기 때문에 낮에는 트럭 운전을 했습니다. 그런데 수하물을 가득 실은 트럭은 말이죠, 발로 밟는 브레이크만으로는 쉽게 정지하지 못합니다. 그때는 배기브레이크가 나설 차례죠. 구조로 보자면…" 하고 신나게 이야기를 이어간다.

그러면 면접관은 "오, 그렇군. 트럭 운전이란 것도 꽤 재밌겠어. 나도 해보고 싶군" 등의 말을 한다. 그러다 문득 정신을 차리고는 이렇게 말한다. "내가 왜 트럭을 몰지?… 자네 우리 회사에서 일하게."

짠! 그렇게 되면 이미 입사는 내정된 것이다.

"귀사가 나를 필요로 한다고 느껴서"라고 적은 지원동기도 장난처럼 보이지만 전혀 아니다. 모집 요강은 기업에서 발표했다. 나는 회사에서 정식으로 발표한 그 모집 요강을 보고 지원했으므로 틀린 것은 하나도 없다.

1992년, 내가 덴츠의 취업설명회에 갔을 때 강당에 모인 학생이 200명이었다. 당시 담당자는 이렇게 말했다. "이곳에 있는 여러분 가운데 우리 회사의 동료가 되는 사람은 확률적으로 한 명 또는 제로입니다." 모여 있던 학생 모두가 폭소했다. 취업설명회는 총 100회가 예정되어 있었다. 지원자는 2만 명, 채용 인원은 200명이니 틀린 말이 아니다.

평범한 일을 평범하게 하면 눈에 들어오지 않는다. 평범한 사실을 평범하게 쓴다면 도쿄대 법학부 졸업생을 이길 도리가 없다. 일단 자기소개서로 흥미를 끌고, 면접에서 자세하게 얘기할 테니 나를 불러 달라. 이것이 내가 취한 전술이다.

만약 당신이 대학 시절에 노점 아르바이트로 사과 사탕을 팔아 기록적인 매출을 올렸다고 하자. 그렇다면 자기소개서에 다른 말들을 장황하게 쓰지 말고 "저는 '사과 사탕 ○○○'라고 불렸습니다"라고 적자. 그리고 예상대로 질문을 해오면 기다렸다는 듯이, 어떻게 해서 매출을 올릴 수 있었는지를 이야기하자. 모든 면접이 끝난 뒤 담당자들이 모여 인상에 남은 면접자에 대해 이야기할 것이다.

"자기를 사과 사탕이라고 했던 지원자 있잖아. 여기, ○○○"
"아, 사과 사탕 ○○○. 괜찮네. 남겨둘까."
이렇게 당신은 최종 면접으로 향하게 된다.

프놈펜의 조 이론

면접에서 상세하게 질문을 받았다면 확실하게 이야기를 해야 하는데, 이때 중요한 원칙이 있다. 나는 이 원칙을 '프놈펜의 조 이론'이라고 부른다.

예컨대 자기소개서에 헤드 카피 형식으로 "나는 아시아 빈곤 문제의 전문가입니다"라고 썼다고 하자. 원하던 대로 질문을 받았을 때 어떻게 대답해야 할까?

"네, 저는 교환학생으로 캄보디아에 가서 그 지역의 문제와 빈곤에 대해 연구했고, 국제적인 지원 방법에 대해 종합적으로 공부했습니다." 모처럼 질문을 받았지만, 이 대답은 0점이다.

왜일까. 구체성이 제로이기 때문이다. '교환학생'도 '국제적'도 '종합적'도 전부 불필요한 키워드다.

다른 사람에게 질문을 받았을 때, 그 모습을 생생히 떠올릴 수 있게 대답하지 않으면 흥미도 떨어지고 기억에도 남지 않는다.

"2017년 4월 4일이었습니다. 세찬 폭우가 내리던 밤에 엄청난 벼락이 떨어져서 캄보디아의 수도 프놈펜 거리에 대규모 정전이 일어났습니다. 제가 있던 레스토랑도 완전히 암흑에 휩싸였고, 어둠 속에서 저녁 시간을 보냈습니다. 그때 레스토랑의 사장인 '조'라는 분이 정전을 사죄하면서 이렇게 말했습니다. '이 나라는 아직 지원이 필요합니다'라고. 그때 전 깨달았습니다."

마치 눈에 그려지듯 얘기하면 "오호, 그래서 자네가 캄보디아에서 깨달았다는 것이 구체적으로 뭔가?"라고 계속해서 묻게 된다. 이것이 '프놈펜의 조 이론'이다.

나는 이 이론을 수백 명의 취업 준비생에게 전수했다. 그런데 이 방법이 일부 취업 준비생들에겐 꽤나 유용했던 모양이다. 언젠가 내 동료가 채용 면접을 담당했을 때 "다나카, 올해 면접에서 프놈펜이 정전됐고 조라는 사람을 만났다는 학생이 두 명 있었어. 그거, 당신이 가르쳐준 이야기 아닌가?"라고 말해서 폭소했던 기억이 있다.

애초에 프놈펜도, 조도 내가 지어낸 이야기다.

취업 준비로 지친 사람들에게

내가 선택한 전술에 대해 "너무 대담해서 저는 흉내 낼 수 없습니다"라는 학생도 있었다. 그건 어쩔 수 없지만 "그 전략으로 취업에 성공했습니다"라며 기쁜 소식을 알려오거나 덴츠의 동료가 된 사람도 몇 명 있었다. 내 경우 똑같은 입사지원서를 열 곳에 보냈고 면접을 볼 때마다 완전히 똑같이 이야기를 한 결과 업종이 전혀 다른 회사 네 곳에 합격했다.

내 전략을 쓸지 말지는 당신의 선택이지만 한 가지는 확신한다. 취업 활동은 입학시험이나 자격시험이 아니라는 점이다. 수험료를 내지 않는 게 그 증거다. 매해 인재를 구하는 쪽은 기업이다. 취업 활동은 붙고 떨어지는 선별의 장이 아니라, 단순히 기업의 업무와 인재의 능력을 매치하는 장에 지나지 않는다.

아직 재학 중인 취업 준비생이라면 어떤 기업과 매치되지 않는다고 해도 딱히 잃을 것이 없다. 일본에 법인 기업은 약 170만 개이고, 헌법에는 직업 선택의 자유가 명시되어 있다. 인생에서 어떤 직업을 선택할지 결정하는 것은 다른 사람이 아닌 바로 당신이다.

하고 싶은 일과 적성에 맞는 일

하지만 아무리 직업 선택이 자유라고 해도 적성에 맞지 않는 일을 선택하면 불행해진다. 예컨대 내가 야구 선수가 되려고 했다면, 그것은 잘못이다. 만약 야구 선수를 목표로 삼았다면 무척이나 힘든 인생이 되었을 것이다. 내근직, 그중에서도 광고업계에 눈을 돌린 건 올바른 선택이었다. 광고업계로 가고 싶다는 학생들이 많은데 "하고 싶은 것과 적성에 맞는지는 다른 문제이므로, 먼저 그 부분을 생각하라"라고 조언하고 싶다.

자신이 무엇을 잘하고 못하는지를 최소한 파악하고 있다면, 그 다음부터의 일은 자동적으로 이루어진다. 나 역시 내게 맞을 만한 분야를 선택했고, 면접을 거쳐 입사한 후에는 인사 담당자의 판단에 따라 카피라이터가 되었다. 특별히 카피라이터가 되고 싶었던 것은 아니다. 이익을 얻으려는 기업이나 사회 전체의 기능 구조가 나를 적절하게 배치했을 뿐이다.

사람은 어차피 자신이 있어야 할 곳으로 향하게 되어 있다. 그게 아니라면 사회에 이렇게 다양한 직업이 있고, 모두가 각자의 직업에 납득하며 일할 리가 없다.

그러니 취업 준비생은 최소한 적성에 맞는 방향을 결정하면 그 다음은 걱정하지 말고 사회의 배치 기능에 몸을 맡겨도 된다.

노동에는 다음의 세 가지 의미가 있다고 한다.

경제성: 수입을 얻어 생계를 유지한다.

사회성: 역할을 담당해 사회에 공헌한다.

개인성: 개인의 인생 목표와 보람을 충족시킨다.

이 세 가지가 제대로 균형을 이루지 못하면 이직을 고민하며 방황하게 된다.

사회인이 되는 순간부터 은퇴 후 첫 연금을 받을 때까지는 끝없이 노동하는 날들을 살게 된다. 길고 긴 장거리 경주다. 후회 없는 직종이나 일하고 싶은 회사를 차분하게 선택하자.

취업 준비와 에세이의 공통점

회사는 당신에게 무엇을 해왔고 우리 회사에서 무엇을 할 수 있는지, 두 가지만 묻는다고 이야기했다. 그렇다면 학생에게 취업 준비는 '지금까지 자신이 무엇을 해왔는지'와 '앞으로 자신이 무엇을 할 수 있는지'를 새롭게 생각할 기회가 되는 셈이다.

자기소개와 지원동기로 채워지는 자기소개서 그리고 면접에서의 이야기는 마치 자신을 소재로 한 '에세이'와 같다. 지금까지 살면서 접했던 사상이 있을 것이다. 그것에 의해 생겨난 심상이 현재 당신이 서 있는 위치를 결정했으며, 장래의 이상이나 바람을 결정했을 것이다.

이런 것들을 순서대로 쓰고, 말하면 된다. 당신의 인생에서 가장 중요한 장면을, 읽는 사람의 마음에 정경이 떠오르도록 생생하게 전달하면 된다. 거기에는 특정 기업 같은 '타깃' 따위는 필요 없다. 상대방을 위해서가 아니라 먼저 자신이 자신을 이해하기 위해 쓰자.

정말이지 에세이를 쓰는 것과 똑같은 과정이다. 그런 생각으로 자기소개서를 쓴 경험은 다른 글을 쓸 때도 분명 도움이 될 것이다.

취업 준비는
자신을 소재로
에세이를 쓰는 것과
비슷하다.

3강.

어떻게 쓸 것인가

: 내 안의 숨은 이야기를 찾아 쓰는 법

작가를 지망하는 청년들에게 자주 받는 질문이 있다.

"다나카 씨, 글을 잘 쓰려면 어떻게 해야 합니까?"

"간단합니다. 먼저 샤프를 사오세요. 그리고 새벽 두 시에…"

"두 시에?"

"그 샤프로 허벅지를 찌르세요."

나는 이 책에서 '자신이 재미있다고 느낄 수 있도록 쓰면 된다'라고 일관되게 주장하고 있다. 하지만 내가 쓴 글이 나에게 재미있다고 해서 다른 사람에게도 재미있을 리 없다. 여기에서는 샤프로 허벅지를 찌르는 것 외에, 구체적인 글쓰기 방법을 설명한다.

15.

끝까지 읽히는
글을 쓰고 싶다면

읽는 이의 관심과 상관없이 무작정
자기 생각과 감정을 쏟아내는 건
초등학생이 쓴 일기와 다름없다.
소통하고 싶다면
상대방의 호기심을 자극하라.

아침에 직장에서 만났을 때 느닷없이 "추워, 추워. 오늘 구멍 난 양말을 신었더니 너무 추워. 그런데 이번 달에는 양말을 살 돈이 없단 말이야"라고 말하는 사람이 있을 것이다.

어쩌라고?

겉으로 웃음을 짓더라도 딱히 할 말이 떠오르지 않는다. 당신은 추울지 모르지만 나는 덥다. 당신 양말의 구멍 따위 생각하고 싶지도 않고, 당신 주머니에 돈이 없는 게 내 책임도 아니다.

그런가 하면 함께 점심을 먹으러 가서 갑자기 불쾌한 듯 "난 브로콜리가 너무 싫어" 하고 뜬금없이 고백하는 사람도 있다. 안 먹으면 그만 아닌가. 아무도 억지로 입을 벌려 브로콜리를 먹이지 않는다.

이런 사람들의 공통적인 특징을 최대한 완곡하게 표현하면 '재미없는 사람'이다. 재미없는 사람이란 어떤 사람인가. 바로 매 순간 자신의 속내를 말하는 사람이다.

반면에 조금이라도 재미있게 느껴지는 사람은 본인 외부의 것들에 대해 이야기하는 사람이다.

춥다는 말도 듣는 사람이 공감하는 범위라면 괜찮다. 하지만 정도를 넘어 집요하게 떠들면 상대방은 '당신이 추운 게 나랑 무슨 상관이야'라고 생각하게 된다. 각자 자라온 환경이 다른만큼 브로콜리가 싫은 대신 셀러리를 좋아할 수도 있겠지만, 무엇을 좋아하든 상대방은 관심 없다. 이렇게 본인 이야기만 하는 사람들은 자신의 내면을 상대방이 무조건 수용해주리라 생각한다는 점에서 어린아이의 사고방식을 벗어나지 못했다.

말뿐이 아니다. 글에서도 종종 "나는 재미없는 사람입니다"라고 떠드는 상황이 벌어진다. '내가 쓴 글을 끝까지 잘 읽어주겠지'라는 맹목적인 믿음으로 마음 가는 대로 쓰는 것이다. 읽는 사람의 관심과 상관없이 무작정 자신의 생각과 감정을 쏟아낸 글은 초등학생이 쓴 일기와 다름없다.

다른 사람과 조금이라도 소통하고 싶다면 상대방의 호기심을 자극해야 한다. 처음에 예로 든 아침부터 춥다고 떠든 남자가 "오늘 추운 이유는 라니냐 현상의 반동이야"라고 말했다면, 상대방은 "뭐? 라니냐? 그게 뭔데?" 하고 흥미를 보일 것이다. 브로콜리가 싫다던 사람이 "브로콜리를 싫어하는 건 쓴맛에 민감한 유전자를 가졌기 때문이래요"라고 했다면 "아, 그렇다면 채소를 많이 먹다 보면 저절로 좋아지니 억지로라도 먹으라는 말은 무리가 있네요" 하며 대화에 동참하는 사람이 나타날 가능성이 있다.

에세이란 결국 심상을 기술하는 저술 형식이라고 했다. 하지만 그러려면 항상 외부에 있는 사상을 제시해서 사람들의 흥미를 끌지 않으면 안 된다.

다시 말해, 심상을 쓸 때는 반드시 어느 정도의 사상이 전제되어야 한다.

16.

글로 나를 표현한다는
위험한 착각

글에서 가장 중요한 것은 팩트다.
작가란 1퍼센트도 안 되는
자기 생각을 전달하기 위해
99퍼센트 이상의
자료를 조사하는 사람이다.

사상을 접해서 생겨난 심상을 글로 쓴다. 그것이 에세이라는 점은 수차례 반복해서 말했다. 예컨대 그림, 음악, 문학, 영화 등은 에세이를 쓰는 데에 있어서 '사상'의 일부분이 된다.

하지만 교육 현장에서는 가장 바람직하지 않은 방법이 버젓이 통용되고 있다. 즉 무언가를 감상하고 "자, 느낀 점을 써봅시다!"라는 식이다. 선생님의 요구대로 '무척 재미있었습니다'라고 감상을 쓰는 것. 이것이 초등학생의 작문이다.

여전히 이러한 형식의 작문에 머물러 있는 사람들이 있다.

누군가가 창조한 것을 접하고 그때 솟아나는 감정을 쓰게 하는 것이 좋은 글쓰기 교육이라고 믿는 사람이 너무 많다. 그러나 '솟아나는 감정'을 있는 그대로 쓰는 건 단순한 내면의 토로에 지나지 않으며, 앞서 말한 "추워, 추워"나 "브로콜리가 너무 싫어"와 다를 바 없다.

이런 식으로 쓰면 에세이의 형태가 갖춰지지 않는다. 인간이 창조한 모든 것에는 '맥락'이 있기 때문이다.

원형이 있다.
본보기가 있다.
모방이 있다.
인용이 있다.
비유가 있다.
무의식이 있다.

원형, 본보기, 모방, 인용, 비유, 무의식은 작품을 구성하는 맥락, 즉 팩트다.

일례로 이야기의 구조를 살펴보자. 유사 이래 인간이 만들어 낸 이야기는 대부분 비슷한 형태를 갖추고 있다. 즉 고대 신화, 기독교의 성경, 사실(史實), 셰익스피어의 극작 등 인간이 그려 낼 수 있는 이야기의 기본 구조는 이미 전부 마련되어 있다고 할 수 있다. 그중 어떤 것을 선택한 뒤, 내가 쓰려는 이야기가 지금 이 시점에 필요한지를 따져 물으면서 새로움을 더한 것이 오늘날의 글이다.

영화에도 본보기가 될 만한 것들이 있다. 예를 들어 과거로 부터 이어져온 고전에 대한 오마주가 있고, 특정 작가에 대한 경의를 담은 작품도 있다. 문학을 비롯한 음악, 미술 등 다양한 예술 작품이나 오늘날의 시사 문제, 역사적 사실을 섞어 만든 작품도 있다.

그런 본보기들을 기저에 두고, 이것들을 내 글에 어떻게 관련지어 전개할지를 사실에 기반해 치밀하게 조사해서 써야 읽는 사람이 쉽게 공감한다.

글을 쓰는 행위에서 가장 중요한 것은 팩트다. 그래서 작가의 작업은 먼저 '자료 조사'에서 시작한다.

그다음 조사한 것의 90퍼센트를 버리고, 남은 10퍼센트에서 다시 10퍼센트만 추려서 겨우 "필자는 이렇게 생각한다"라고 쓴다.

최종적으로 완성된 글에서 작가의 생각이 전체의 1퍼센트 이하여도 충분하다. 그 1퍼센트도 안 되는 생각을 전달하기 위해 99퍼센트 이상의 자료 조사가 필요하다. 글쓰기는 결국 자료 조사가 '99.56퍼센트'인 셈이다.

텔레비전 프로그램 중에 예를 들자면 다큐멘터리가 여기에 해당한다. 다큐멘터리는 철저하게 조사한 사실 그리고 지금까지 밝혀지지 않은 새로운 사실을 제시하되 제작자의 생각이나 주장은 직접적으로 전하지 않는다.

단지 사실을 나열함으로써 시청자가 생각의 주체가 되도록 유도한다. 즉 조사한 사실을 정확히 풀어내는 것으로 읽는 사람이 주체가 될 수 있다.

자료 조사도 일절 하지 않고 "글이란 자기 자신을 표현하는 장"이라며 상상한 대로 글을 쓰는 사람은 작가라고 부를 수 없고 작가가 되어서도 안 된다.

지금부터라도 늦지 않았다.

그저 '내 생각을 전하고 싶다!'라고 생각하고 있다면 육교에서 시집을 팔자.

17.

매력적인 글은
어떻게 쓰는가

1차 자료에 기반해 알아야 할 팩트를
정확히 파악한 뒤에 할 일은
자신감 있게 내가 원하는 방향으로
글을 쓰는 것뿐이다.

'자료 조사'란 무엇일까. 어떻게 하면 될까.

이전에 글쓰기 세미나의 강사로 초빙되었을 때, 수강생들에게 '아케치 미쓰히데(일본 전국시대의 무장)에 대해 최소 4천 자 분량으로 글쓰기'라는 과제를 내주었다.

대부분의 수강생은 구글과 위키피디아를 검색하고 관련 유튜브를 찾아 보는 선에서 조사를 멈췄다. 나름 깊게 조사했다는 사람도 아마존에서 아케치 미쓰히데에 관해 쉽게 설명한 개론서 몇 권을 사서 읽는 수준이었다.

과연 그 정도로 자료 조사를 마쳤다고 말할 수 있을까? 결론적으로 말하자면 이 정도로는 '조사했다'라는 표현을 쓸 수 없다. 인터넷의 정보는 소문의 소문이 문자화된 것이라고 보면 딱 맞다. 서점에서 파는 책도 마찬가지다. 설령 전문가가 감수했다고 해도 이미 알려진 에피소드를 정리해 쓴 것으로, 대부분의 경우 새로운 사실은 나와 있지 않다. 전에 없던 발견은 대부분 신문 기사에 실린다.

그렇다면 어떻게 해야 좋을까. 일단 1차 자료를 찾아야 한다. 1차 자료란 사실을 바탕으로 한 증거 자료로, 모든 정보의 근원이 된다. 이야기의 출처이자 끝 지점이 될 기본 골격인 셈이다. 1차 자료는 예상외로 간단히 찾을 수 있다. 유경험자로서 말하건대, 1차 자료를 꼼꼼히 조사하다 보면 아마도 다음과 같은 사실을 깨닫게 될 것이다.

'대부분의 이야기는 출처부터 의심스럽다.'

다시 하던 이야기로 돌아가자. 학생들에게 굳이 역사 속 인물에 대한 과제를 낸 이유는 바로 그 직전에 내가 쓴 칼럼의 주제였기 때문이다. 나는 시가 현의 의뢰를 받아 '이시다 미쓰나리(일본의 무장)'에 대한 칼럼을 썼다. 원고 청탁을 받은 날부터 마감까지 2주일의 시간이 있었다. 먼저 나는 인터넷에서 간단하게 검색한 자료와 아마존에서 구입한 열아홉 권의 책을 이틀에 걸쳐 정리하고, 남은 시간은 1차 자료를 찾는 데에만 집중하며 도서관에 다녔다. 절판된 책을 비롯해 방송과 신문 등 매체에 실린 언론보도를 샅샅이 살폈고, 팩트에 기반한 관련 논문도 찾아봤다. 결과는 어땠을까?

이렇게까지 자료 조사를 하고나서 처음 든 생각은 '1차 자료라도 의외로 진위가 분명하지 않은 사실이 적혀 있다', '특별히 새로운 발견은 없다'였다. 하지만 실망스럽지 않았다. 할 수 있는 자료 조사는 다한 덕에 비로소 내가 읽어도 재미있을 만한 글을 쓸 기초가 잡혔기 때문이다. 알아야 할 팩트를 정확히 파악했으니, 남은 일은 주저하지 않고 자신감 있게 내가 원하는 방향으로 쓰는 것뿐이었다.

그 글은 시가 현 공공기관의 웹사이트에 올라갔다. 오직 내가 읽고 싶어서 썼는데, 분량이 1만 수천 자에 달한다. 어느 부분을 읽어도 황당한 칼럼이다.

하지만 이 칼럼은 당초의 예상을 훨씬 뛰어넘는 접속자 수를 기록했다. 2018년도 도쿄 카피라이터 클럽 심사회에서도 많은 표를 얻었고, 그 긴 글의 전문이 《카피연감》에 게재되었다.

일본 광고 카피 사상 가장 긴 '카피'가 아닐까 싶다.

좋은 평가를 받은 배경에는 '제멋대로 썼지만, 이 글은 1차 자료에 기반하고 있다'는 원론적인 이유가 있었다고 생각한다.

글은 나뭇잎과 같다. 나뭇잎이 무성하려면 뿌리가 충분히 뻗어야 하듯이, 좋아하는 글을 원하는 대로 쓰려면 1차 자료가 밑바탕이 되어야 한다.

알아야 할 팩트를
정확히 파악했다면
남은 일은
주저하지 않고 자신감 있게
내가 원하는 방향으로 쓰는 것뿐이다.

18.

글쓰기에 대한
실질적인 해법

인터넷에 떠도는 정보를 믿는 것은
가장 바보 같은 짓이다.
자료의 질과 양, 어느 것을 따지더라도
도서관을 이길 만한 것을
나는 아직 보지 못했다.

구글과 위키피디아를 뒤지거나 개론서를 몇 권 사서 읽는 정도로는 자료 조사를 했다고 볼 수 없다고 말했다.

그렇다면 자료 조사는 어떻게 해야 하는지 구체적인 방법을 살펴보자. 이 책에서 도움이 되는 몇 안 되는 부분 중 하나다. 책을 다 읽은 다음에는 이 부분도 뜯어내서 보관하기를 권한다.

자료 조사법에 대해 그동안 아끼고 아껴온 비밀인데, 이곳에서 밝히겠다. 사실 비밀이라고 하기에는 너무 간단하다.

바로 도서관을 이용하는 것이다.

아 이런, 결국 밝혀버렸다.

인터넷 정보가 얼마나 무책임한지는 이미 말했다. 자료의 질
과 양, 편리함, 인적 지원, 저렴한 비용 등 그 어느 것을 봐도 도
서관을 이길 것이 없다.

자료 조사를 위한 도서관 이용법

① 공공도서관

가장 유용한 곳은 도립이나 시립도서관이다. 이런 공공도서
관의 장점은 무엇보다 가까이에 있다는 점이다. 그리고 특히 이
점이 중요한데, 대부분의 경우 자유 열람이 가능한 '개가식'이
어서 자유롭게 표지를 보고 책을 꺼내 휘리릭 넘겨본 후 자기
자리에 쌓아둘 수 있다. 대출이 가능한 도서도 많다.

개가식은 자신이 찾고 싶은 내용과 관련이 있을 듯한 책을
닥치는 대로 볼 수 있다는 것이 정말 큰 장점이다. 생각지 못한
발견을 하는 것도 개가식의 매력이다. 하지만 지금은 읽을 때가
아닌, 재미있어 보이는 책까지 읽어버리게 되는 문제점이 있다.

오사카 주민인 나는 도쿄도립중앙도서관, 오사카시립중앙
도서관 등을 자주 이용한다.

한국에도 지역 주민의 도서 이용, 평생교육 등을 위한 공공

도서관이 많다. 시·도·구 차원의 도서관은 물론이고 주민센터 도서관을 이용할 수도 있다.

② 국립국회도서관

국립국회도서관은 도서관 중의 도서관, 도서관의 우두머리다. 국내에서 발행된 모든 출판물을 의무적으로 제출하는 '납본 제도'에 따라 일본의 간행물은 모두 이곳에 보관된다. 원칙은 그렇지만 모든 출판물이 있는 것은 아니다. 발행자가 일부러 제출하지 않은 경우도 있으니까. 하지만 그런 예외 상황을 빼놓고는 없는 것이 없다.

2017년도 통계에 따르면 국립국회도서관은 도서 1115만 권, 잡지와 신문 1805만 부, 도서 형태 이외의 마이크로필름이나 지도, 악보, 영상 자료 등 1197만 장의 압도적인 소장량을 자랑한다. 당연히 그 방대한 자료를 전부 서가에 진열할 수는 없다 보니 기본적으로 폐가식이다. 궁금한 자료는 따로 신청해서 열람하거나 복사가 필요한 경우에는 미리 신청해서 복사본을 받을 수 있다.

이런 이유로 국립국회도서관은 기본적으로 자료를 특정할 수 있는 단계까지 조사가 이르렀을 때, 또는 다양한 2차 자료의 근거가 된 1차 자료의 증거를 복사하기 위해 이용한다.

내 설명에 국립국회도서관은 빈번하게 드나들 일이 없겠다고 생각할지 모르겠다. 그래서 설명 하나를 덧붙이겠다. 국립국회도서관의 웹사이트는 일본의 도서관 중에서 가장 충실하다. 꽤 많은 도서의 모든 페이지가 데이터화되어 있고, 누구나 이를 자유롭게 열람할 수 있다. 텍스트 자동 인식 기술로 어구(語句)도 검색할 수 있어서, 자료를 복사하러 가기 전에 페이지를 미리 지정할 수도 있다.

또한 교토에는 제2의 국립국회도서관이라고 할 수 있는 간사이관이 있다. 이곳은 대부분 자유 열람이 가능하고 열람 공간도 넓어서 이용하기 편하다.

마지막 팁이다. 국립국회도서관이나 국립공문서관 등의 소장 자료 데이터베이스를 연결하는 포털사이트 '재팬서치(https://jpsearch.go.jp)'가 있다. 인터넷을 통한 자료 조사가 의미가 없다는 것은, 개인 블로그나 미디어 기사를 두고 하는 말이다. 근거가 될 수 있는 것은 활용하자.

한국에는 국회에 소속된 국회도서관이 있다. 2023년 12월 통계에 따르면 전자파일 도서를 포함한 도서 762만 권, 도서 이외의 마이크로필름, 오디오·비디오, 미술품 등을 59만 점 소장하고 있다. 납본 제도를 운영하고 있으며, 석·박사 학위 논문을 비롯한 다양한 원문 데이터베이스를 열람할 수 있다.

③ 대학도서관

공공도서관에 없는 전문적인 자료를 찾고 싶다면 대학도서관도 좋은 대안이다. 국공립대학은 일반인도 열람이 가능한 경우가 많다.

예컨대 도쿄대 혼고캠퍼스에 있는 종합도서관은 신분증만 제시하면 출입이 가능하다. 대학도서관은 대부분 개가식 영역과 폐가식 영역이 구분되어 있으며, 폐가식 영역을 이용할 경우 사전에 검색을 통해 필요한 자료가 소장되어 있는지를 확인해서 도서명을 알려줘야 한다. 예약이 필요한 경우도 있으니 미리 확인해두자.

④ 사설전문도서관

전문 분야에서만큼은 타의 추종을 불허하는 사설도서관도 있다는 점을 기억해두었으면 한다.

예컨대 공익재단법인 오야소이치 문고, 통칭 '오야 문고'는 일본 최초의 잡지 전문 도서관이다. 오야 문고는 저널리스트이자 작가였던 오야 소이치의 막대한 잡지 컬렉션을 기초로 만들어졌다. 2019년 4월 기준으로 잡지 80만 권, 서적 약 7만 권이 소장되어 있다. 근현대 이후의 특정 시대상을 알고 싶거나, 당시의 매스컴 의견이 궁금할 때는 이곳을 이용한다. 단, 별도의 입장료가 있고 데이터베이스 역시 유료로 이용해야 한다.

한국에는 현대카드 디자인 라이브러리, 현대카드 트래블 라이브러리, 농심식문화전문도서관, 국가인권위원회 인권도서관, 서울식물원 식물전문도서관 등이 있다. 이 외에도 기업과 정부의 상호협력으로 다양한 전문도서관이 운영되고 있다. 이들 전문도서관은 해당 주제와 관련된 활동도 지원하고 있으니 자료조사를 할 때 참고하면 좋다.

도서관에 소장 자료가 아무리 많아도, 아침부터 밤까지 서가를 어슬렁거리다 보면 그대로 하루가 끝나버리기 일쑤다. 더욱이 무언가에 대해 자료 조사를 막 시작했을 때 우리는 그 분야에 초보자다. 망망대해에서 진주를 품은 조개를 찾아야 하는 격이니 어디서부터 시작해야 할지 막막할 수밖에 없다.

이때가 바로 '사서'가 등장할 차례다. 도서관법에 따른 자격을 취득한 전문가가 도서관에 근무하고 있다. 필요한 책을 찾을 때는 사서에게 자료 상담을 하는 것이 가장 빠른 지름길이다. 이때 사서에게 던지는 질문을 '레퍼런스 질문'이라고 한다. 애초에 찾는 책이 명확하다면 문의할 필요도 없이 장서를 검색하면 된다. 하지만 그렇지 않은 경우 사서에게 어떤 목적으로 어떤 자료를 찾고 있는지를 상담한다. 반대로 사서는 이용자의 목적을 추측하고, 어느 정도의 자료가 필요한지를 묻는다.

막연한 도서 검색에 윤곽을 잡아주는 이 과정을 '레퍼런스 인터뷰'라고 부르며, 이 기량이 바로 사서 개개인의 능력이다. 이용자의 의도에 맞게 책을 찾아주고 소장 도서가 없을 경우 어느 도서관에 있는지 가르쳐주기도 한다.

자료 조사에 있어서, 사서만큼 믿을 만한 사람은 없다.

이상으로 도서관에서의 자료 조사에 대해 기술했는데, 물론 정보 소유자를 직접 만나 이야기를 듣는 방법도 있다. 하지만 여기서도 결국 사실 확인을 위해 도서관이 필요하다.

인터뷰 기술에 대해 말하자면 별도의 책 한 권 분량이 되므로, 다음에 속편을 쓰게 되면 그때 자세하게 설명하겠다.

19.

거인의 어깨 위에서
글 쓰는 법

> 무작정 쓴 글에서는
> 새로움을 발견하기가 어렵다.
> 거인이 어깨 위에서 저편을 내다보면서
> '그다음'을 이야기하려는 자세가 필요하다.

배가 난파해서 다섯 살 남자아이가 부모와 헤어져, 판자 조각을 붙잡고 무인도에 홀로 표착했다. 소년은 스스로 먹을 것을 찾아내고 동굴에서 생활하며 고독 속에 15년을 보냈다.

스무 살이 되던 해에 기적적으로 지나가던 배에 구조되었는데, 그는 사람들에게 이렇게 말했다.

"여러분, 들어보세요! 대발견을 했습니다. 조개껍데기를 늘어놓고 하나를 더 놓거나 하나를 빼면 다양한 숫자를 표현할 수 있습니다!"

이것이 그 유명한 '무인도의 대발견'이라는 고사(故事)다. 아니, 사실은 방금 내가 지어낸 얘기다.

이 소년이 조난당하지 않고 초등학교에 입학했다면 첫 주에 덧셈과 뺄셈을 배웠을 것이다. 그 정도 연산은 인류가 쌓아온 무수한 지식의 기초 중 기초이기 때문이다. 하지만 아무것도 없는 무(無)에서 시작하면 이런 비극이 일어난다.

항간에 넘쳐나는 인터넷상의 글에는 이와 비슷한 모습이 정말 많이 보인다. 옛 선인들이 실컷 고찰해서 아주 옛날에 다 했던 이야기들을 자기 머리로 생각했다며 의기양양하게 펼치는 글이 판을 친다.

예를 들어 인터넷에 연애 관계에 대한 글을 써서 페이지뷰를 올리는 젊은 작가들이 있다. 교제해봤더니 이러하더라, 동거해봤는데 이렇게 생각한다, 결혼해보니 저러하더라, 헤어져보니 어떠하더라 등의 이야기다.

그건 대부분 나쓰메 소세키(일본의 소설가)가 백 년도 훨씬 전에 했던 이야기다.

봉건시대에 느닷없이 외국의 개인주의니 자유연애니 하는 개념이 들어오자, 나쓰메 소세키는 자아가 무엇인지, 연애가 무엇인지를 고민하지 않을 수 없었다. 그리고 수십 년 동안 고민하고 생각한 내용을 수많은 글로 남겼다.

　미숙하고 서툰 첫사랑의 감정을 순수하게 그려낸《산시로》
부터 더 이상 사람을 믿을 수 없게 되자 거짓말을 해서 타인의
행동을 시험하는《그 후》와 인간의 이중성을 깊이 있게 담아낸
《마음》에 이르기까지, 직설적인 성 묘사는 없지만 그가 쓴 글
에는 지금과 다름없는 연애와 관련한 여러 모습이 담겨 있다.

　소세키가 너무 위대했기 때문에 근대의 일본 문학가들은 어
떻게든 '그다음'을 쓰려고 도전해왔다. 백수십 년 전의 소세키
가 이미 많이 썼으므로, 지금의 젊은 작가들은 그다음 이야기
를 써내야 한다. 새로운 이야기를 창작할 수 없다면 글을 쓰는
의미가 없다.

　"거인의 어깨 위에 올라서라"라는 말이 있다. 내가 날조한 말
이 아니다. 12세기의 프랑스 철학자 베르나르 드 샤르트르가
남긴 말이다. 역사 속에서 인류가 축적한 경험과 지식이 거인이
고, 그 거인의 어깨 위에 올라서서 내다보지 않으면 진보할 수
없다는 의미다. 처음부터 맨바닥에서 시작하면 조난당한 소년
과 똑같은 상황이 된다.

'거인의 어깨 위'라는 말은 뉴턴이 1676년 로버트 훅에게 보낸 편지에 베르나르의 말을 인용하면서 유명해졌다.

"내가 저편을 멀리 내다봤다면, 그것은 오로지 거인의 어깨 위에 올라섰기 때문입니다."

뉴턴과 훅의 일화는 과학자가 거인의 어깨에 오르는 이야기였지만 바흐, 모차르트, 베토벤, 브람스, 말러 등 음악가도 모두 과거를 인용하면서 조금씩 새로워졌다. 그들은 거인의 어깨 위에 올라서서 자신만의 성취를 거두었고, 자신들 역시 후세에게 '거인'으로 손꼽히게 되었다.

영화에 대해 이야기할 때 그 영화가 왜 재미있는지를 거인의 어깨 위에서 보면 평론의 모습을 갖추게 된다. "이 카메라 앵글은 구로사와 아키라(일본의 영화감독이자 각본가)의 스타일과 굉장히 비슷하지만, 한층 더 기교가 있다"라든가 "히치콕(영국의 영화감독) 감독의 영화 편집 기법을 발전시켰다"라는 식으로 쓰는 것이다.

앞서 말한 도서관에서 1차 자료를 찾으라는 이야기는 오로지 거인의 어깨 위에 올라서기 위함이다. 거인의 어깨 위에 올라선다는 것은 '여기까지는 의심의 여지가 없을 것이다. 이제부터 그다음을 이야기하겠다'라는 자세다.

20.

고수는 맛없는 음식에 대해서도 쓸 말이 있다

쓰려는 대상에 대해
도무지 애정이 생기지 않을 땐
어떤 부분이 어떻게 지루한지,
무엇을 알 수 없었는지,
왜 재미없었는지 쓰면 된다.
그것이 비평이다.

'영화를 봤다, 콘서트에 갔다, 맛있는 음식을 먹었다. 그 감동을 글로 써보고 싶다. 괜찮다면 다른 사람들도 읽었으면 한다.'

그런 충동이 들 때는 괜찮다. 부담도 덜하고 괴롭지도 않다.

하지만 누군가에게 의뢰를 받거나 과제를 부여받아 일이 되어버린 경우라면 다르다. 재미없다고 느낀 영화나 맛없었던 음식에 대해서도 써야 한다. 시작도 안했는데 머리부터 아프다.

대상에 대해 어떠한 애정도 느끼지 못한 상태로 글을 쓴다는 건 상당히 괴로운 일이다. 그런데 다행히도 1차 자료에는 '사랑할 기회'가 숨어 있다. 과제를 받았다면 자료 조사 과정에서

'사랑할 만한' 부분을 찾아야 한다. 그 부분을 찾지 못하면 계속 괴롭다.

글로 써야 할 대상을 사랑하는 방법에는 두 가지가 있다.

1. 자료를 찾는 동안 사랑할 만한 포인트를 찾아낸다.

2. 대충 훑어본 후 사랑할 수 있을 것 같다고 생각되는 포인트의 자료를 파헤친다. 생각을 강화하기 위해 좋은 재료를 갖춘다.

예컨대 영화라면 '그 장면의 의미는 뭐지?' 하는 생각이 들었을 때, '셰익스피어의 대사를 인용했군. 이 감독은 셰익스피어를 무척 좋아하는 거야'라거나 '이 각본가는 어렸을 때부터 성서의 이야기를 들으면서 자랐군' 하는 부분을 찾아내면 없던 애정이 서서히 싹튼다.

영화는 수백 명, 수천 명이 합심해 만든다. 최악의 평가를 받은 영화라도 좋은 부분은 분명 있다. 또한 마지막까지 영화 자체는 재미가 없었더라도 관여한 사람 중 누군가의 개성은 좋아할 수 있을지도 모른다.

'내가 좋아한 부분을 있는 힘껏 말하자'라는 마음으로 글을 쓸 필요가 있다.

좋아하는 포인트만 발견할 수 있다면 주제가 영화든 우유든 과자든 상관없다. 좋아한 그대로 전달하면 글이 된다.

그럼에도 애정이 생기지 않는다면 마지막 기회로 어떤 부분이 어떻게 지루했는지, 무엇을 알 수 없었는지, 왜 재미없었는지를 쓰는 수밖에 없다.

지루하다거나 모르겠다는 것도 감상의 하나이고, 그 감상을 깊게 파헤치다 보면 눈에 띄는 세계가 있는 법이다. 그런 감상을 가감 없이 쓰면 올바른 의미에서 '비평'의 기능을 하는 글이 될 수 있다.

이런 경우라도 폄하하거나 비웃거나 단점을 지적하는 데 열을 올려서는 안 된다. 글을 쓸 때 결코 잃지 말아야 할 자세가 '존중'이다.

에세이에서 사상은 늘 자신의 외부에 있다. 자신 바깥에 있는 '외부의 존재'를 존중하지 않으면 나도 나의 외부로부터 존중받을 수 없다.

　자료를 조사하는 일은 사랑을 찾고 키우는 과정이다. 자신이 느낀 감동을 탐색하고, 그에 대한 근거를 명확하게 하며, 그 감동을 뿌리내리게 하고, 가지를 싹 틔우기 위해 자료를 조사한다.

　사랑과 존중. 글의 중심에 이 두 가지만 있으면 당신이 쓰는 글은 분명 의미가 있다.

'내가 좋아한 부분을
있는 힘껏 말하자'라는 마음으로
글을 쓸 필요가 있다.

21.

결론에 무게를 더하는 법

사상을 접한다, 심상을 품는다,
가설을 세운다, 자료를 조사한다….
자신을 위해 쓰는 글이라는 이유로
모든 과정에 최선을 다하지 않으면
설득력 있는 결론에 이를 수 없다.

이제 와서 새삼 이야기할 것도 없지만, 이 책은 비즈니스서가 아니다. 원래 나는 비즈니스서라는 것을 세상에서 가장 싫어한다.

비즈니스서에 자주 등장하는 제목의 형식을 살펴보자.《하버드식 스탠퍼드 기술》, 당최 무슨 말인지 모르겠다.

《왜 출세하는 사람은 상사가 될까》, 당연한 말이다. 애초부터 싫어한 탓인지 제목조차 어렴풋하게 기억하는데, 사실 이런 제목의 책은 없었던 것도 같다.

비즈니스서는 무언가에 '도움이 된다'는 것을 주안에 두고 출판된다. 하지만 도움이 된다는 것은 무서운 일이다. 시험 삼아 주방 일에 무척 도움이 되는 스펀지와 전혀 도움이 되지 않는 돌멩이를 부엌 싱크대에 놓아보자. 석 달 후 너덜너덜해지는 것은 어느 쪽일까. 도움이 된다는 것은 몸을 망가뜨리는 결과를 초래한다.

1500엔 정도에 산 비즈니스서가 인생을 근본부터 바꿔서 하루아침에 영어가 가능해진다든지, 순식간에 하버드대에 합격할 수 있다면 애써 고생할 필요가 없다. 그런 책을 찾아 읽기만 하면 된다.

이런 책은 묘하게도 결론이 명확하게 나와 있다. 애초에 저자는 무언가로 성공한 사람이며, 자신의 성공 사례를 근거로 썼기 때문에 결론이 명확하다. 돈을 좋아하는 사람이 그런 책을 읽는다면 마치 지금 당장 돈을 손에 쥘 수 있을 것 같은 기분에 사로잡힐 것이다.

하지만 이 경우, 결국 돈을 버는 것은 책을 사서 읽은 사람이 아니라 책의 판매 실적에 따라 인세를 받는 저자라는 사실을 잊어서는 안 된다.

다만 비즈니스서의 저자는 비즈니스 세계에서 오랜 고민과 실전을 거듭했기 때문에 명확한 결론을 설득력 있게 말할 수 있을 뿐이다.

　　　　　　　　　　　　3강. 어떻게 쓸 것인가

결론의 무게는 과정에 의해 지탱된다. 그리고 이것이야말로 글이 가진 힘의 근원이다.

자신을 위해 쓰는 글이라는 이유로 비즈니스맨이 성공을 얻어낸 과정 같은 단계를 밟지 않는다면, 최종적으로 결론의 무게를 보여줄 수 없다.

'사상을 접한다. 감동하거나 의문을 갖는 등의 심상을 품는다. 거기서부터 가설을 세운다. 자료 조사를 한다. 증거를 나열한다. 생각한다. 결론을 낸다.'

이 모든 과정에 최선을 다하지 않으면 설득력 있는 결론을 쓸 수 없다.

이제 나는 누군가에게 의뢰를 받았을 때만 글을 쓴다.

그리고 의뢰를 받아들인 것을 대부분 후회한다. 영화를 봐도, 음악을 들어도, 도무지 공감이 되지 않아 울부짖는 순간이 따르기 때문이다.

고민한다.

마감 전날 밤까지 한 줄도 쓰지 못한다.

마지막에 와서야 태도를 바꾼다. 이해가 되진 않지만 그래도 자료 조사를 하면서 느낀 것, 어딘가 좋아하게 된 것, 그 과정을 쓴다.

순서대로 생각하고 순서대로 써가는 것이 자기 자신을 이해하는 여정 그 자체이며, 그 여정을 무사히 마쳤을 때 결과적으로 사람의 마음을 움직이는 글이 탄생한다. 그 과정에 상대방이 공감해줄지가 관건이며, 이것이 바로 긴 글을 쓰는 묘미다.

불쑥 결론을 제시해봐야 어떤 공감도 얻지 못한다.
"멜론은 이스터섬에 있다." 이렇게만 쓰면 무슨 영문인지 아무도 알 수 없다. 하지만 멜론을 먹었다는 사상을 기점으로, 그 과정을 순서대로 차근차근 써나가다 보면, 쓰는 자신도 읽는 사람도 이스터섬에 이를 수 있다.

하지만 주의할 점도 있다. 바로 '편집'이다.
사고의 과정을 피력한다는 이유로 모든 것을 주절주절 늘어놓아서는 안 된다.
나는 글쓰기 강좌에서 수강생들에게 이 질문을 종종 던지곤 한다.
"어제 하루, 당신은 무엇을 했습니까?"

대부분의 사람은 "아침에 일어나서, 근처 편의점에서 빵을 사고, 회사에 가고, 하루 종일 일하고, 밤에는 동료와 술집에 갔습니다" 등 시간의 흐름에 따라 순서대로 이야기한다. 하지만 거기에는 중요한 일이 일어나고 있다. 나는 대답을 듣고 "그 것이 편집이라는 것입니다"라고 알려준다.

"아침에 일어나서 근처 편의점에 갔다"라고 말했지만, 아무도 "아침에 일어나서, 화장실에 가고, 물을 틀고, 치약을 짜서 칫솔에 묻히고, 이를 닦고, 입을 헹구고, 잠옷을 벗고, 양말을 골라서…"라고 말하지는 않는다.

"그러면 작년 8월에는 무엇을 했습니까?"라고 물으면, "그러니까… 디즈니랜드에 갔습니다!" 하는 대답이 돌아온다.

그렇다. 자신의 마음을 가장 많이 움직인 부분만을 골라내고 나머지는 과감히 버리는 것이 바로 편집이다. 그리고 편집을 하는 건 무의식중에 일어나는 아주 자연스러운 행위다.

모든 사람에게는 누군가가 물어오면 이것만은 전하고 싶다고 생각하는 이야기가 있다. 수많은 정보 중에서 '전하고 싶은' 부분을 골라내는 일. 그리고 전하고 싶은 부분에 이르기 위해 필요한 순서를 밟고, 과정을 차근히 밝히는 것. 이것이 긴 글을 쓰는 의미이자 요령이다.

뛰어나게 쓴 것도, 잘 쓴 것도 아니다. 다만 '과함도 부족함도 없이 중요한 것을 전했다'라는 생각이 들 때, 그 글은 타인이 읽어도 이해할 수 있는 글이 된다.

과함도 부족함도 없을 때
비로소 상대방의 마음을
움직이는 글이 나온다.

22.

짧은 SNS 글에서도 반드시 기승전결을 고민하라

우리의 뇌는 기승전결에 최적화되어 있다.
기승전결이라는 구조를 벗어나면
재미없고 지루한 글이 되어버린다.
기승전결부터 연습하지 않는다면
아무것도 쓸 수 없다.

이제 '어떻게 쓸 것인가'에 대한 마지막 이야기를 하고자 한다. 내가 3강에서 했던 이야기를 요약하면 이렇다.

사상을 접했을 때

그것에 대해 확실하게 자료를 조사하고

사랑과 존중의 심상을 품게 되었다면

오로지 자신을 향해 쓰면 된다.

요약해보니 네 줄이다. 아, 처음부터 네 줄로 끝낼 걸 그랬다.

앞으로는 글쓰기 강의를 할 때도 이 네 줄만 이야기하고, 나머지는 우리 동네에서 가장 맛있는 빵집과 옆 동네의 가장 맛

있는 빵집 중 어디가 더 좋은지에 대해 두 시간 동안 이야기하고 집에 가야겠다.

하지만 빵집 이야기를 끝내고 기분 좋게 집에 가려는 내게 반드시 돌아올 질문이 있다.

"빵집 이야기는 그만 됐습니다. 구체적으로 글을 어떻게 쓰면 됩니까?"

"그만 됐습니다"라니. 난 오사카역 근처의 빵집 이야기도 하고 싶었는데 참은 것이다.

질문을 받았으니 일단 답을 하겠다.

무엇을 어떻게 쓰든, 일단 글의 형식은 기승전결을 갖추고 있으면 된다.

형식대로 쓰면 안 된다고 주장하는 책도 있다. 즉, 기승전결이라는 구조가 없어도 괜찮다는 책이다. 내가 보기에는 말도 안 되는 이야기다. 우리의 뇌는 기승전결의 구조에 최적화되어 있다. 기승전결의 구조를 벗어나면 재미없고 지루한 글이 되어 버린다.

실제로 수업을 하다보면 글을 쓸 때 기승전결을 만들지 못하는 사람이 너무 많은데, 일단 그것부터 훈련하지 않으면 그 무엇도 쓸 수 없다.

예컨대 140자로 제한된 트위터에서도 나는 늘 기승전결을 의식한다. 글쓰기 훈련이 되기 때문이다. 한번은 이런 글을 트위터에 올렸다.

광고대행사에서 근무하던 시절, '타이완' 표기 문제로 몇 번이나 고생했다. 무심코 '중화민국'이라고 썼다가는 큰일이 난다. 타이완 표기도, 북아일랜드 분쟁도, 북방영토 문제도 지구본 위의 이중 잣대(double standard)다. 정말 성가시지만 이 이중 잣대를 어떻게 극복할지가 21세기의 과제일 것이다.

왜 갑자기 이런 잘난 척하는 글을 썼는지 전혀 기억나지 않지만, 구조적으로 따져보면 이렇다.

기: 실제 경험이라는 전제
승: 구체적인 사건
전: 그 사건의 의미
결: 감성과 제언(아주 조금)

결국 기승전결의 글쓰기란 '발견-귀납-연역-감상'이라는 코드 진행으로 기술하는 것이다. 신문 1면 아래에 실린 칼럼은 대체로 이 형식을 갖추고 있다. 예를 들면 이렇다.

① 내 눈앞에 붕어빵이 있다. 붕어빵은 전부 똑같은 모양을 하고 있다. 똑같은 틀에 넣어져 계속해서 구워지기 때문이다.

② 마치 국민을 모두 똑같은 군인으로 육성해서 계속 전쟁터로 보내는 국가의 자세와 닮지 않았는가.

③ 일본과 주변 국가와의 긴장감이 높아지는 지금, 이처럼 똑같은 틀에 인간을 넣고 내보내는 행위는 위험한 길로 이어진다.

④ 아, 군화 소리가 들려온다.

왜 이런 신문을 매일 읽는 건지, 누가 좀 가르쳐줬으면 좋겠다. 여하튼 마지막에 '군화 소리가 들려온다'라고 마무리하면 신문의 칼럼이 완성된다.

코드 진행은 이렇다.

① 오늘 A라는 것을 보았다.

② A의 특징을 생각해보면, A의 본질은 X일 것이다.

③ 그리고 B에도 X가 적용되며, 그뿐 아니라 현대사회 전체의 본질은 X다.

④ 아, 군화 소리가 들려온다.

이건 너무하다. 군화 소리를 왜 이렇게 좋아하는 걸까. 게다가 여기에서 A는 붕어빵이든 유튜버든 마지막에 군화가 되면 뭐든 상관이 없다.

아무튼 중요한 것은 사상을 접하고 논리를 전개하고 심상을 기술하는 글에 기승전결만큼 효과적으로 사용되는 코드 진행은 없다는 점이다.

내 설명이 부족하게 느껴진다면 시험 삼아 다른 코드 진행인 '시작-발전-종결'을 살펴보자.

- 시작: 눈앞에 붕어빵이 있다. 도쿄에서 가장 유명한 붕어빵이다. 그 이야기를 쓰려는데 전화가 울렸다.

- 발전: 일이 생겨서 외출하기로 했다. 인생에는 뜻하지 않은 일이 일어난다. 오늘 나는 그 사실을 배웠다.
- 종결: 아, 군화 소리가 들려온다.

파격적이다. 파격도 너무 심한 파격이다. 이렇게까지 파격적인 이야기는 들어본 적이 없다. 발전 부분은 거의 파국 수준이다.

'기-결'이라는 정말 심각한 진행 방식도 있다. 이런 느낌이다.

- 기: 내 눈앞에 붕어빵이 있다. 붕어빵은 왜 붕어 모양일까. 왜 통팥과 단팥이 있는 걸까. 왜 대가리부터 먹는 사람과 꼬리부터 먹는 사람이 있는 걸까. 잠시 생각해본다.
- 결: 생각해봤지만 모르겠다. 세상에는 생각해봐도 알 수 없는 것이 있다. 하지만 군화 소리는 저만치까지 다가와 있다.

심각하다. 심각해도 너무 심각하다. 과장이 아니다. 이럴 거면 붕어빵 이야기는 왜 꺼냈을까? 그런데 실제로 이런 흐름의 글을 쓰는 사람이 생각보다 많다.

이 책을 읽은 사람은 그런 악문에 빠지는 일 없이 글의 기본인 기승전결을 익히길 바란다. 그래서 부디 군화만 생각하지 말고 붕어빵에 대한 애정을 마음껏 이야기했으면 한다.

실전 글쓰기 3
~~~~~~~~~~~~~~~~~~~~~~~

글쓰기를 위해 읽으면 좋은 책 10권

책장을 공개하는 건 부끄럽지만

글 쓰는 사람 치고 책을 한 권도 읽지 않은 사람은 없을 것이다. 있다면 그건 그거대로 대단하다. 나는 책에 둘러싸여 살았던 부친의 영향으로 책방과 도서관을 무척 좋아하는 사람으로 자랐다.

인상에 남은 책은 어떤 책인지에 대한 질문을 종종 받는다. 책장을 공개하는 일은 무척 부끄럽지만 잡지 《주간현대》에서 애독서를 소개하기도 했다. 글의 제목은 '덴츠 광고회사 출신의 청년 실업자를 폭주시킨, 인생을 바꾸는 10권의 책'이다. 그 글에서 소개한 것과 겹치는 책도 있지만, 여기에서는 어디까지나 내가 글을 쓸 때 힌트가 되었던 책을 소개하고자 한다.

내가 절대 읽지 않는 책

나는 무언가 도움이 되겠다 싶어서 책을 읽은 적은 한 번도 없다. 앞으로도 그럴 생각이다. 책을 읽는 것은 무언가를 위해서 하는 것이 아니다. 단지 읽기 위해 읽는다. 그래서 비즈니스서나 자기계발서 같은 책은 좋아하지 않는다. 아니, 읽은 적이 없다.

항간에 나와 있는 문장 기술 책은 실용서처럼 보이지만, 그런 책을 읽는다고 문장력이 좋아지지는 않는다. 편지 예절이나 보고서 작성법이라면 몰라도 소설이나 에세이를 쓰는 데 속성 코스로 배울 수 있는 기술은 없으며, 그 나름대로 시간이 걸린다. 하지만 뛰어난 문장 기술 책은 그 자체로 재미있는 읽을거리가 되는 경우가 많다.

여하튼 글의 성향이나 문체는 당연히 지금까지 읽어온 책의 영향을 받는다. 좋아하는 책의 좋아하는 문장을 필사하면 문장력이 좋아진다고 말하는 책이 많은데, 난 그런 힘든 일은 한 번도 해본 적이 없다.

광고회사에 입사해서 카피라이터로 발령을 받았을 때, 한 선배가 "카피라이터가 되는 수행이다. 여기에 히라가나 50자를 계속 써"라며 원고지를 툭 내려놨다. 순진했던 나는 〈베스트 키드〉라는 영화에서 주인공 소년이 은사인 아파트 수리공에게 자동차 왁스 칠을 하라는 말을 듣고 열심히 했더니 근육이 생겼던 것을 떠올렸다. 그런 수행이리라 믿고 시키는 대로 열심히 했다. 그러던 중 동료가 다가와서 "다나카, 넌 지금 괴롭힘을 당하고 있는 거야" 하고 가르쳐주었다. 또 하나 배웠다.

나는 이런 책을 읽었다

그러면 아주 간단하게, 글을 쓰는 데에 도움이 될지는 모르겠지만 재미있게 읽은 책을 소개해보겠다. 이 글의 제목을 다시 한번 보자. '글쓰기에 도움이 되는 책'이 아니라, '글쓰기를 위해 읽으면 좋은 책'이다. 어느 정도 효과가 있는지는 나도 알 수 없다. 책은 그저 좋을 성싶을 때 읽는 것이므로, 서평 흉내 내듯 장황하게 설명하지 않고 단백한 소개만 한다.

1. 《장 크리스토프》, 로맹 롤랑

일단 이 책은 좀 길다. 10년도 훨씬 전에 200명 정도 되는 합창단에 들어가 베토벤의 〈교향곡 제9번〉을 불렀다. 그때 지휘자가 《장 크리스토프》를 읽지 않으면 베토벤을 알 수 없다고 해서 읽어봤다.

주인공 장 크리스토프는 베토벤을 모델로 한 음악가다. 하지만 작품 자체는 작가의 내면에서 생겨난 것이므로, 베토벤 자신이라기보다 현실 세계에 던져진 새로운 베토벤이다. 작자 자신이자 우리의 모습이라 할 수 있다.

신념이란 무엇인가, 예술이란 무엇인가, 성숙이란 무엇인가. 대하 장편이 아니면 전달할 수 없는 무거운 테마가 묘사되어 있다. 번역에 따라 미묘한 느낌의 차이가 있는 것도 독서의 큰 재미다.

대하 장편이라고 불리는 작품은 많다. 도스토옙스키의 《카라마조프 가의 형제들》, 톨스토이의 《전쟁과 평화》, 알렉상드르 뒤마의 《몬테크리스토 백작》 그리고 무라사키 시키부의 《겐지 이야기》 등등. 이 중 어느 하나를 읽고서 대하 장편이 무엇인지 푹 빠져보는 것도 나쁘지 않다. 지치기는 하겠지만.

2. 《신곡》, 단테 알리기에리

이 작품도 길다. 게다가 시인지 소설인지 정체를 알 수 없다. 신화 같기도 하고, SF 같기도 하고, 비극 같으면서 코미디 같기도 하다. 여하튼 인간의 상상력이 궁금하다면 이 책을 읽어보자.

또한 온갖 인용과 상징이 넘쳐나며 그리스신화, 로마신화, 아리스토텔레스, 성서, 천문학까지, 종횡무진 등장해 마치 사전 같기도 하다. 자료 조사에 있어서도 단테는 일류다.

지인 중에 소설가가 몇 명 있는데, 그들 이야기를 들어보면 모든 소설가는 머릿속에 보이는 것을 쓴다고 한다. 에세이처럼 본 것(사상)을 생각해서(심상) 쓰는 것과는 근본적으로 뇌의 움직임이 다르다. 그들 머릿속에는 영화가 상영되며, 그것을 글자로 옮기고 있는 셈이다.

나는 고등학생 때 처음 《신곡》을 읽고, '아, 내 뇌 구조는 머릿속에 보이는 것을 쓰는 사람의 뇌 구조와 완전히 다르구나' 하고 깨달았다.

3. 《자본론》, 칼 마르크스

처음으로 밝히는데, 나는 공산주의자도 좌익도 아니다. 하지만 이 책은 순수하게 재미있다. 이 책 역시 길다. 지나치게 길지만, 마르크스가 말하고 싶은 부분만을 짧게 정리한《공산당 선언》에 비하면 냉정한 사회 관찰을 넘어 의미를 알 수 없는 비유가 튀어나오는 점이 재미있다. 느닷없이 셰익스피어 작품《윈저의 즐거운 아낙네들》의 퀴클리 부인이 나오는 등 왜 그런 비유가 필요했는지 묻고 싶은 부분이 꽤 많다. 어쨌든 이 두툼한 경제학 고전은 흥미로운 읽을거리로 구성되어 있다.

내용면에서는 세계경제가 이 책의 예언처럼 무서울 정도로 비슷하게 변화한 부분도 있으며, 현재 상황과는 전혀 맞지 않는 부분도 있다. 하지만 가설과 분석, 언변이 세계사를 크게 움직였다는 사실을 감안하며 읽으면 무척 흥미롭다.

4.《프로테스탄티즘의 윤리와 자본주의 정신》, 막스 베버

약칭 '프로즘 윤리'. 울던 아이도 울음을 그친다는 사회학의 고전이다. 내용은 앞의《자본론》보다 더 거슬러 올라가, 애초에 왜 자본주의가 탄생하고 성장했는지 그 메커니즘을 밝히는 책이다.

칼뱅이나 루터의 금욕적인 프로테스탄트 신앙이 결과적으로 근대 자본주의를 탄생시켰다는 주장이 철저한 자료 조사를 바탕으로 전개되지만, 이야기 진행 방식이 상당히 억지스럽다. 그럼에도 묘하게 납득시키는 점이 재미있다. 나는 이 책을 통해 자료 조사로 상대방을 납득시키는 방법을 배웠다고 생각한다.

5. 《로마인 이야기》, 시오노 나나미

앞에서 "당신이 아무리 열심히 자료 조사를 해서 글을 쓴다고 해도, 우타다 히카루의 돈가스 이야기를 이길 수 없다"라고 했는데, 이 대작은 이렇게까지 자료 조사를 한다면 우타다 히카루와 승부를 겨룰 수 있다는 사실을 알려주는 책이다. 하지만 아주 길다.

6. 《언덕 위의 구름(坂の上の雲)》, 시바 료타로

이 작품 역시 길지만 순식간에 읽게 된다. 시바 료타로의 역사소설은 수필인지 소설인지 애매한 부분이 있다는 점이 매력이다. 역사 속 인물들이 마치 눈앞에서 대화하는 것처럼 느껴지는 순간, "그런데 필자 생각에는…"라는 문장이 튀어나온다. 포탄이 난무하는 전쟁터를 묘사하다 말고 "여담인데…" 하며 끼어든다.

여하튼 자료 조사의 끝을 보여주는 작가다. 시바 료타로가 헌책방 거리에 한번 나가면 트럭을 가득 채울 만큼 많은 자료를 사들였기 때문에, 헌책방 거리 전체가 물건을 채워 넣기 위해 한동안 문을 닫았다고 한다. 그의 책 중에서 읽지 않은 책이 더 이상

없다는 사실이 내 인생의 비극이다.

7. 《미인론(美人論)》, 이노우에 소이치

이노우에 소이치의 글은 집요하다. 아마도 일본에서 가장 집요한 문체를 구사하는 사람이 아닐까 싶다. 그는 건축사 학자인데, 이야기에 학자의 방법론을 적용하는 점이 독특한 매력이다. 가설을 세우는 방식, 자료를 갖추는 방식 그리고 전개 방식이 집요하고 전율을 안겨 준다.

이 책은 여성의 아름다움과 추함을 논하는 책이 아니다. 세상이 어떤 여성의 어떤 개념에 대해 미인이라는 라벨을 붙였는지, 미인을 어떻게 대했는지 그 역사에 대한 연구를 기술했는데, 읽다 보면 어느새 도치법 속에 서 있게 된다.

8. 《찬란한 어둠(輝ける闇)》, 《베트남 전기(ベトナム戦記)》, 가이코 다케시

이 두 권은 신기한 책이다. 두 권 모두 가이코 다케시가 특파원으로 베트남전쟁의 최전선에 파견됐을 때 썼다.

《찬란한 어둠》은 소설이고 《베트남 전기》는 르포르타주다. 하지만 신기하게도 두 책을 읽다 보면 소설인 《찬란한 어둠》이 어딘가 르포르타주 같고, 르포르타주인 《베트남 전기》가 어딘가 소설적이다.

가이코 다케시는 광고 카피라이터, 르포 및 에세이 작가 그리고 소설가라는 세 장르를 횡단하며 살았다. 작가를 지망한다면 그가 쓴 글들을 장르별로 파악해봄으로써 많은 깨달음을 얻을 수 있을 것이다.

9. 《나카지마 라모 에세이 컬렉션》, 나카지마 라모

나카지마 라모의 에세이는 다수 출판됐는데, 전부 읽어보면 재미있는 점이 있다. 같은 내용을 몇 번이나 쓰고, 흥미로운 소재는 반복해서 사용한다.

자세히 분석해보면 사상을 접하고 심상을 기술한다는 에세이의 기본적인 코드 진행에 충실하다. 단정한 나카지마 라모의 필체는 끝에 가서는 반드시 서정에 다다른다. 끝까지 읽어보면 글에 있어서 혼이란 무엇인지 알 수 있다.

10. 《광기도 돈에 좌우된다(狂気の沙汰も金次第)》, 쓰쓰이 야스타카

뛰어난 소설가이면서 뛰어난 에세이스트인 사람은 많다. 하지만 뛰어난 에세이스트가 뛰어난 소설가인 경우는 아주 드물다. 슬픈 현실이지만 처음부터 에세이를 주요 분야로 지망하는 사람은 반드시 이 사실을 기억해야 한다.

이 뛰어난 소설가가 1970년대 석간에 연재했던 에세이는 날마다 갱신되는 것이었다. 그럼에도 내용의 치밀함, 어디로 튈지 감히 예측하기 어려운 독창성 그리고 매일 깔끔하게 기술되는 뜻밖의 휴머니즘 등 빼어난 점이 많다. 읽어서 손해 볼 것은 없다.

독서는 모든 글쓰기에 활용된다

지나치게 당연한 이야기라 송구하지만, 책을 읽는 것이 글쓰기에 활용되는 것은 당연하다. 앞에서도 얘기했지만, "이 정도는 읽어둡시다" 하는 책은 읽으면 득만 있을 뿐 손해될 게 없다. 애초에 수십 년, 수백 년, 수천 년의 역사를 살아남은 고전은 재고가 없어서 계속 인쇄하는 게 아니다. 재미있으니까 지금도 출판되는 것이다.

독서를 곧바로 사용할 수 있는 실용적인 지식을 얻는다는 의미로 축소해서는 안 된다. 책을 읽는 일을 문장이나 문체를 배우는 것으로 한정하지 말라는 얘기다. 책이라는 농밀한 정보의 집

적이야말로 인생에서 접하는 최고의 사상이자, 우리가 심상을 품어야 할 대상이다. 무엇보다 책에서 느낀 체험과 감동을 쓴 글은 다른 누군가에게 전해질 가능성이 크다. 그래서 글 쓰는 행위는 독서와 구별되기 어렵다.

책은 읽으면
득만 있을 뿐
손해될 것은 없다.

4강.

왜 글을 쓰는가

: 인생을 바꾸는 간단한 글쓰기 기술

4강이야말로 다른 책에는 없는 내용이다.

하지만 잘 생각해보니 그 외의 것들도 다른 책에는 없는 내용이다. 만약 다른 책에 내가 쓴 문장이 실려 있다면, 그것은 인쇄 실수다. 여하튼 글쓰기 테크닉을 가르치고자 이 책을 쓴 게 아니라는 점을 수차례 반복했다. 그 말만 수없이 반복해서 책 한 권으로 만들고 싶을 정도다.

하지만 이번에는 그보다 더 중요한 것, 그럼에도 사람은 왜 글을 쓰는지 그리고 글을 쓰면 무슨 일이 일어나는지에 대해 이야기하려고 한다.

23.

언젠가 누군가는
당신의 글을 읽는다

글을 쓴다는 것은 나의 세상을 좁히는 일이다.
하지만 두려워할 필요는 없다.
언젠가 누군가가 그곳을 지나갈 것이다.
당신이 세상에 남긴 작은 흔적에
눈길을 줄 것이다.

사상을 접한다.

심상이 생겨난다.

무언가를 쓰고 싶어진다.

누군가에게 그 글을 보여주고 싶어진다.

세상이 무척이나 넓어진 듯한 기분이 들지 않는가. 아무것
도 없이 시작해 새로운 것을 만들어내면 대견하다는 생각이
들지 않는가.

하지만 이것은 꽤나 어리석은 착각이다.

글을 쓴다는 행위는 오히려 나의 세상을 좁히는 일이다.

예컨대 어떤 추억에 대해 쓴다고 가정해보자. 이를 테면 여행에서의 경험이 주제다. 당신은 원고지에 쓰기 시작한다.

"8월이었다. 오노미치에서 보낸 밤이었다."

새하얀 원고지는 모든 것을 품고 있는 대우주이자 망망대해였다. 하지만 첫 줄을 쓰기 시작한 것만으로 당신의 세계는 줄어들었다.

지구본을 빙글 돌려 일본이라는 작은 열도를 찾아보면 북쪽으로는 홋카이도부터 남쪽으로는 오키나와까지 있지만, 딱 한 줄만 적어도 히로시마 항구 도시의 작은 거리를 콕 집어 말하는 것이 된다. 1년 열두 달 중에서 8월로 제한한 이야기가 되며, 밤이라고 적은 이상 오후 6시부터 오전 3시 정도의 단 9시간 사이에 일어난 일을 써야만 한다. "8월이었다. 오노미치에서 보낸 밤이었다"라고 쓰고서는 다음 문장에 "짐바브웨의 화폐에 대해 이야기하고 싶다"라고 쓴다면 바보짓이다.

2강에서 '겨울, 목욕을 마친 여성이 마시는 맥주'라는 상품명이 어리석다는 지적을 받은 사례를 소개했는데, 그와 똑같은 것이 바로 '서술하는 행위'다.

글을 쓰면 쓸수록 그 사람의 세계는 좁아진다. 물리학에 대해 떠들어대는 사람을 보고 주변에서 물리학에 정통한 사람인가 하고 착각하다가도, 그가 무언가를 쓰면 쓸수록 아니라는 사실이 자연스럽게 밝혀진다.

하지만 두려워할 필요는 없다. 글을 쓰는 건 일단 나 자신을 위해서이기 때문이다. 당신이 접한 사상은 당신만 알고 있다. 당신이 품은 심상은 당신만이 기억한다.

당신은 세상 어딘가에 작은 구멍을 뚫듯이, 작은 깃발을 세우듯이, 그냥 쓰면 된다. 그러면 언젠가 누군가가 그곳을 지나갈 것이다. 당신이 세상에 남긴 작은 흔적에 눈길을 줄 것이다.

글을 쓴다는 것은 세상을 좁히는 일이다. 하지만 이 작은 행위가 결과적으로는 당신의 세상을 넓혀준다. 어느 누구도 범접하지 못한 당신만의 세상을 구축함으로써, 틀에 구애받지 않는 자유를 얻게 되기 때문이다.

당신은 세상 어딘가에
작은 구멍을 뚫듯이,
작은 깃발을 세우듯이,
그냥 쓰면 된다.

그러면 언젠가 누군가가
그곳을 지나간다.

24.

가치 있는 언어를
손에 넣는 법

언어를 가치 있게 활용해서
사람들의 마음을 장악하는 사람과
돈을 능숙하게 활용해서 부자가 되는 사람은
언어와 돈을 도구로 삼고 있다는 점에서
본질적으로 같다.

"화폐와 언어는 같은 것이다."

내가 글쓰기 강좌에서 수강생들에게 자주 하는 말이다. 대부분 이 말을 들으면 황당하다는 표정을 짓는다.

하지만 자본주의의 발달 후 마르크스, 소쉬르 등 다양한 사상가가 이미 화폐와 언어의 유사성을 지적했다. 즉 인류가 커뮤니케이션의 도구로 발전시켜온 '돈'과 '말'은 사실 그 기능이 같다고 주장했다.

백과사전에서 화폐를 찾아보면 일반적으로 다음의 세 가지 기능을 한다고 정의한다.

① 결제 수단(지불 수단)의 기능

② 가치척도의 기능

③ 가치 저장 수단의 기능

이 정의를 곱씹어보면 화폐와 언어의 기능이 똑같다는 것을 알 수 있다. 그대로 치환해보자.

언어는 일반적으로 다음의 세 가지 기능을 하는 것으로 정의된다.

① 결제 수단(지불 수단)의 기능

언어는 무엇과도 바꿀 수 있다. 언어로 표현함으로써 존재하는 것에 구체적인 가치를 부여하고, 누구와도 교환할 수 있다. 돈을 환전하듯 다른 언어로 '번역'이 가능하다.

② 가치척도의 기능

언어는 가치가 보장되어 있다. 사회 속에서 공통의 도구로 유통되는 이상, 한 단어의 가치는 상호적으로 담보된다. 화폐경제에 있어서 상품의 가치는 구매자가 그 상품의 대가로 얼마만큼의 희생(돈)을 지불할지로 결정된다. 언어에 있어서도 가치가 높은 말이나 글은 구매자가 희생(돈)을 지불해가며 듣거나 읽는다.

③ 가치 저장 수단의 기능

언어는 저장할 수 있다. 역사상의 기록이나 개인의 기억을 남길 수 있고, 보관할 수 있다. 우연히 발견한 정경, 그때 솟아난 감정, 사상을 논하기 위한 논리 구성, 정치에 영향을 주기 위한 연설도 모두 '가지고 있다가 사용하고 싶을 때 꺼내 쓸 수 있는' 것이다.

이 세 가지 특징을 보면, 언어를 능숙하게 구사해서 사람의 마음을 장악하는 사람과 돈을 능숙하게 활용해서 부자가 되는 사람 모두 언어와 돈을 도구로 사용하는 방식이 똑같다는 사실을 알 수 있다.

중요한 것은 경제도 언어도 제로섬 게임이 아니라는 점이다. 앞에서 가치를 손에 넣고 싶을 때 사람은 '희생'을 치른다고 했는데, 등가로 교환 가능하다고 판단하기 때문에 경제에서는 돈을 지불하고, 의사소통에서는 상대방도 도움을 줄 수 있는 말을 되돌려준다.

언어란 상대방에게 이익이 되도록 사용하면 상대방의 자산은 물론 자신의 자산도 늘어나는 마법의 도구인 셈이다. 쓴다고 줄어드는 것이 아니다. 늘어난다.

　이 사실을 기억하면서 글을 쓰고, 유통시키고, 교환하면 글을 쓴 사람은 더욱 가치 있는 언어를 손에 넣게 될 것이다.

언어와 돈의 본질적 가치는 닮았다.
누가 어떻게 쓰느냐에 따라
그 가치가 달라진다.

25.

당신의 글을 돈이 되는 이야기로 만들어라

글을 쓸 때마다
'이 글이 누군가에게 도움이 될까?'를
깊게 고민하다 보면 가치 있는 글이 나오게 되고,
가치 있는 의견에는 값이 더해지기 마련이다.

대학교 1학년이었던 1988년, 학생들이 모여 설립한 회사에 잠시 몸담았었다. 그 회사에는 30여 명의 대학생이 소속되어 있었고, 구성원 모두가 '미래에 상장 기업의 대표가 된다'라는 목표를 세우고 열심히 일에 매진했다.

나는 이 집단의 진지함을 따라가지 못하고 졸업 후에 광고 대행사의 샐러리맨이 되어버렸다. 그런데 30년이 흐르고 보니, 이 회사에 속했던 사람 중에 10여 명이 실제로 상장 기업 대표가 되어 있었다.

이름만 들으면 누구나 알 법한 상장 기업을 창업한 그들에게 한 가지 공통점이 있다면, 부자가 되고 싶어 한 게 아니라 자신의 정당성을 증명하고 싶어 했다는 점이다.

내 머릿속에 떠오른 사업이 정말로 사회에 도움이 되는가? 그것은 지금까지 없었던 서비스인가?

그들은 이 질문을 품은 채 벤처기업가로 갖은 시행착오를 거쳤다. 그 결과 그들의 아이디어는 세상을 위한 것이 되었으며, 돈도 모으게 되었다.

지금도 나는 그들과 자주 술자리를 갖는다. 참고로 그 모임에서 전철과 버스의 막차 시간에 신경 쓰는 사람은 무직인 나뿐이다.

작가가 되고 싶은 사람이라면 기업가의 이야기를 들어두면 좋다. 성공한 경영자도 열 번째 상품에서 간신히 회생했거나, 성공하기까지 운영하던 회사 다섯 개가 파산했거나, 승부를 걸었던 상품이 전혀 팔리지 않았던 시간을 거쳐 지금에 이른 경우가 상당수다. 작가도 마찬가지다. 막상 써보면 지금 현재로선 전혀 쓸모없는 것이 대부분이다.

자신이 먼저 재미있다고 느껴야 한다는 점에서 사업 아이디어를 내는 것과 글을 쓰는 일은 다를 게 없다. 그것이 세상에 공개된 시점에 결과적으로 사회에 도움이 되는지, 지금까지 없었던 것인지가 판단된다. 그때 비로소 자신이 맞았는지 틀렸는지를 검증할 수 있다.

성공한 경영자가 된 그들은 지금도 새로운 사업 아이디어를 매일 모색한다. 글을 쓰는 사람도 한 번 쓴 글이 반응이 좋다고 그 시리즈를 영원히, 또는 60세까지 매일 써서 월수입 30만 엔을 올리는 일은 절대 없다. 애초에 지금 시대는 글을 쓰려는 사람은 많고 읽으려는 사람은 적기 때문에 글로 돈을 버는 사람은 극히 일부다.

하지만 글을 쓸 때마다 '이 글이 누군가에게 도움이 될까? 지금까지 없었던 내용일까?'를 깊게 고민하다 보면 가치 있는 글이 나오게 되고, 가치 있는 의견에는 반드시 값이 매겨지게 마련이다.

"왜 가치 있는 의견을 공짜로 쓰고 있습니까? 값을 매길 수 있습니다! 그 글을 제가 팔죠. 수익 배분은 당신이 10퍼센트, 회사가 90퍼센트가 되겠지만…" 하는 사람이 나타난다.

그 결과로 나는 지금 이렇게 책을 쓰고 있다. 인세가 조금 더

오르면 기쁘겠다.

글을 쓰는 일은 혼자 운영하는 벤처기업과 같다.

나는 제법 괜찮은 월급이 통장에 들어오는 광고회사를 아무런 대책도 없이 그만두고 50대를 맞았다. 내가 재미있어 하는 일이 결과적으로 누군가에게 도움이 된다는 사실을 증명하고 싶었다.

좋아서 시작했지만,
글을 쓰는 일은 정말 괴롭다.
그러나 글을 쓰다보면 그 글이
나를 생각지도 못했던 곳에
데리고 간다.

26.

한 줄을 썼을 때
벌어진 마법 같은 일

단 한 줄만 쓰려고 했을 뿐인데,

밤새 키보드를 두드리고 있다.

이 과정을 몇 번이고 반복하는 동안

나는 내가 생각지도 못했던 곳에 서 있게 된다.

내가 쓴 글을 읽은 누군가가,

예상 못한 어딘가로 나를 부른다.

서두에서 나는 왜 멀쩡한 직장을 그만두고 글을 쓰며 생활하게 되었는지 고백했다.

　본론을 말하기에 앞서 얘기했으니 한참 전이다. 잊어버린 사람은 이 책을 한 권 더 사서 읽어보기를 추천한다. 첫 부분에 적혀 있다.

　"한 줄이라도 좋습니다"라며 의뢰받았던 영화평을 어찌된 일인지 7천 자나 써서 보낸 순간에, 모든 것이 변했다.

　나는 24년 동안 광고 카피라이터로 일했지만, 긴 글 따위는 써본 적이 없다. 광고에 쓰는 글은 헤드 카피 15자, 바디 카피라고 부르는 상품 설명 200자 정도가 전부다. 게다가 광고의 문장들은 철두철미하게 '시켜서' 쓰는 것이다.

그런 내가 "한 줄이라도 좋다"라는 말만 듣고 밤새 키보드를 두드리며 내 생각을 썼다. 태어나서 처음으로 머릿속을 글자로 옮겨 썼더니 갑자기 7천 자가 됐다. 그리고 그 글은 누군가에게 보여주고 싶어서 쓴 것이 아니라, 단지 '내가 읽고 싶어서'라는 충동에 따른 것이었다.

좋아서 시작했지만, 긴 글을 쓰는 일은 정말 괴롭다. 허리는 아프고 늘 졸리다. 쓰는 도중에 왜 이런 짓을 하고 있는지 모르겠다는 마음이 반드시 솟아난다. 더욱이 내가 읽고 즐거워하는 거야 내 마음이라 해도, 내가 쓴 글을 먼저 나서서 읽어줄 사람은 아무도 없을 것이다.

하지만 그 과정을 몇 번이고 반복하는 동안에 나는 생각지도 못한 곳에 서게 된다. 내가 쓴 글을 읽은 누군가가, 예상도 못했던 어딘가로 나를 불러줬다.

"당신이 쓴 글을 읽고 실제로 만나보고 싶었습니다"라며 전혀 모르는 사람에게 연락이 와서 교토역으로 향하던 때.

4강. 왜 글을 쓰는가

"당신 글의 내용이 흥미로우니 대중 앞에서 이야기를 해주십시오"라는 요청에 시즈오카까지 가서 햄버거로 끼니를 때우던 때.

"부디 당신이 이 주제로 글을 써주셨으면 한다"라는 부탁에 도호쿠 지방으로 가서 산속 풍경을 올려다보던 순간.

"다나카 씨, 책 한 권을 써주십시오. 출판하고 싶습니다"라는 이상한 메일을 보낸 곤노 씨를 만나기로 약속했던 때.

그럴 때 나는 '글자가 나를 데려왔다'라고 생각했다.

나쁜 말을 내뱉으면, 그 나쁜 말은 반드시 자신을 나쁜 곳으로 데려간다. 좋은 말을 하면, 그 좋은 말은 반드시 자신을 좋은 곳으로 데려간다. 나는 그 사실을 알게 됐다.

평상시에 그냥 떠들며 지내는 시간은 빈둥거리며 길을 걷는 것과 같다.

거기에서 조금이라도 풍경을 바꾸기 위해, 이곳이 아닌 어딘가로 가기 위해, 나는 괴로워도 산을 오르듯 글을 쓴다.

등산은 길이 끝나는 곳에서 시작되는 것이다.

27.

쓰기 위해 살고,
살아가기 위해 쓴다

글을 쓰는 것과 읽는 것.
이것은 서로의 고독을 이해하는 일이다.
글을 통해 우리는 고독한 인생 속에서
누군가를 만나는 기적을 경험한다.

결론부터 말하겠다.

글을 쓰는 사람은 인기가 없다.

자신을 표현하고 싶다면 뮤지션이나 배우를 목표로 하는 편이 낫다. 그런 사람은 자신의 모습을 대중 앞에 드러낼 수 있다. 콘서트가 있고, 무대가 있고, 영화나 텔레비전이 있다.

그러나 글을 쓰는 사람에게는 '라이브'가 없다. 심지어 글을 쓰는 동안에는 아무하고도 만나지 않는다. 담소를 나누며 글을 쓰는 사람은 없다. 어느 날 혼자 글을 쓰다 문득 '이 얼마나 음침한 음지의 직업인가' 하고 스스로도 놀란다.

더구나 무척이나 지치는 직업이다. 생활은 불규칙해지고, 허리는 아프고, 늘 피곤하고, 마감에 쫓긴다.

글을 쓰지 않는다면 당신에겐 기업의 경영자도, 올림픽의 마라톤 선수도, 우주 비행사도 될 수 있는 기회가 있다. 글을 쓴다는 것은 그런 기회를 거의 버리는 일이다. 선택하는 일이다.

누군가가 말했다. 글을 쓰는 일은 인간이 선택할 수 있는 최후의 직업이라고. 사형수도 옥중에서 글을 써 책을 낸다.
인간은 누구나 고독하다.
글을 쓴다는 것은 숙명 같은 고독과 맞서는 '도박'일지도 모른다.

고독의 본질은 혼자라는 것이다. 왜 혼자 태어나서, 왜 혼자 죽어야만 하는지 아무도 대답할 수 없다.
하지만 고독 속에서만 깨닫게 되는 것이 있다.

어떤 사람이 가진 순수한 부분, 아름다운 부분, 올바른 부분, 따뜻한 부분 그리고 쓸쓸한 부분은 그 사람과 마주 앉았을 때가 아니라 헤어진 후 혼자 있을 때 문득 떠오르고, 전해지고, 느껴진다.

우리가 누군가에 대한 존경과 애정과 공감을 마음에 새기는 것은 고독 속에 있을 때다.

글을 쓰는 것 그리고 읽는 것은 서로의 고독을 이해하고, 단 한 번뿐인 인생에서 세상에 대한 존경과 애정과 공감을 자신의 것으로 만드는 일이다.

그래서 결국 글을 쓰는 것은 나를 위한 일이다.

내가 읽고 싶어서, 나를 위해서 자료 조사를 한다. 그것을 글로 쓰는 행위가 인생을 즐겁게 해주며, 갇힌 생각으로부터 해방시켜준다.

아무것도 모르고 태어난 와중에 이해하고 배우는 것 이상의 행복은 없다고, 나는 생각한다.

그리고 나 자신을 위해 쓴 글이 누군가의 눈에 띄고, 결국 그 사람과 이어진다.

고독한 인생 속에서 누군가와 만나는 인연만큼 기적 같은 일은 없다고 생각한다.

글을 쓴다는 것은 삶의 방식의 문제다.

자신을 위해 쓰면 된다.

읽고 싶은 글을 쓰면 된다.

~~~~~~~~~~

언제 쓸까, 어디서 쓸까

이 책의 차례를 보자.

1강. 무엇을 쓸 것인가 = WHAT

2강. 누구에게 쓸 것인가 = WHO

3강. 어떻게 쓸 것인가 = HOW

4강. 왜 글을 쓰는가 = WHY

육하원칙에 기반하고 있다. 그래야 한다. 그래야 하는데 깜빡 잊고 있었다. 마지막 글을 끝낸 지금, 차례까지 거슬러 올라가 보고 이렇게 썼다는 사실에 놀라고 말았다.

원리원칙에 입각해 쓰겠다고 마음먹었지만, 다 쓰고나서야 그러지 못했다는 걸 발견했다. 어쩔 수 없이 육하원칙에서 남은 두 가지 WHEN, WHERE에 대해 이야기해보겠다. 즉 '언제', '어디서' 쓸 것인가에 대해서다.

그거야 뻔하다.

당신은, 지금, 그곳에서, 쓰면 된다.

인생은 쓸쓸하다. 그리고 인생의 쓸쓸함은 나만 빼고 모두가 의미 있는 무언가를 하고 있다는 발견에서 시작된다. 친구들이 전부 나보다 뛰어나 보이는 날의 쓸쓸함. 세상이 나만 스쳐지나 갔다고 느끼는 순간의 쓸쓸함.

그렇다면 내 손으로 세계를 버리고 가면 된다. 아직 아무도 모르는 풍경을, 모르는 말을, 내가 직접 찾아내면 되는 것이다. 그 순간만은 세상의 쓸쓸함을 이길 수 있다.

자신이 쓴 글을 자신이 읽었을 때, 단 하루뿐이지만 자신을 고독에서 구해낼 수 있다.

무언가를 접했다. 마음이 움직였다. 그 사실을 과하거나 부족함 없이 써냈다.

마치며

언제나 쓸쓸하기만 한 세상을 한순간 앞섰다.

몇 번이고 다시 읽는다. 하지만 몇 번을 읽어도 문장은 변하지 않는다.

그렇다면 또 글을 쓸 때다.

할 것인가 말것인가의 갈림길에서

내가 몇 번이고 반복해서 보는 영상 중에 영화평론가 오기 마사히로의 〈로키〉에 대한 해설이 있다. 그는 평론가로서 철저하게 조사해서 이 영화와 관련된 모든 사람이 도전하고 영광을 잡는 과정을 이야기한다. 그리고 이렇게 말한다.

"이 영화는 '인생, 할 것인가 말 것인가'의 갈림길에서 '한다'를 선택한, 용기 있는 사람들의 이야기입니다."

나 역시 아무리 재미없는 글이라는 소리를 듣는 잡문이라도, 돈이 되지 않더라도, 나 자신을 위해 계속해서 글을 쓰고 싶다. 그럼에도 너무 졸려서 소파에 누워버린 밤, 내 귀 어디선가 심판원의 목소리가 들린다. 나는 카운트 8에서 일어나 다시 한번 키보드로 향한다. 적어도 나는 '인생, 할 것인가 말 것인가'의 갈림길에서 '한다'를 택했다.

인생 따위 순식간에 바뀐다

나는 한때 2년 정도 다나베 세이코(《조제, 호랑이 그리고 물고기들》을 쓴 소설가) 선생님의 자택에 드나들며 친분을 쌓았다. 딱히 소설이 쓰고 싶어서 그랬던 건 아니다. 어째서인지 술친구로 선택되어서 잡담을 나눌 정도의 관계를 유지했는데, 그 시간동안 세이코 선생님은 늘 이렇게 말했다.

"글을 쓰면, 인생 따위, 어느 날 순식간에 변해버려."

그 말을 들은 이후에도 불만 가득한 채 즐겁지 않은 샐러리맨 생활을 하던 내게 니시지마 도모히로라는 사람이 "영화 평론을 써보지 않겠느냐"라며 불쑥 찾아왔다. 얼마 후 이토이 시게사토 씨가 그 영화평을 읽고 "만나보고 싶다"라면서 교토로 초대해주었다. 이후 곤노 료스케라는 편집자가 광적인 메일을 보내 "책을 써보지 않겠느냐"라고 제안을 해왔다.

현시점에서 딱히 부자도 유명인도 되지 못했지만 내 인생은 완전히 변했다. 글을 쓰며 살아가는 매일매일은 괴롭지만, 즐겁다.

분명 당신의 이야기가 듣고 싶어질 것이다

이 책을 읽고 사상을 접했다면 자료를 조사해보자. 그리고 마음에 생겨난 심상에 대해 써보자는 생각이 든다면, 먼저 자신이 읽어서 재미있을 만한 글을 써보기 바란다. 여러 차례 반복해서 읽어보고 과하거나 부족함 없이 무언가를 썼다고 생각된다면, 꼭 어딘가에 공개했으면 한다. 지금은 인터넷상에 글을 올릴 수 있는 공간이 무한하다.

나는 당신이 쓴 글을 읽고 재미를 느끼고 싶다. 그 글에 대한 내 감상을 쓰고 싶다. 각각이지만 외로운 인생 어딘가에서 함께 걷는 동료로 맺어지고 싶다.

그리고 이 책을 다른 사람에게 권했으면 한다. 혼자 10권을 사서 누군가에게 선물하는 것도 좋다. 지금 생각으로는 다른 사람에게 이 책이 100권 정도 팔리면 출판사 대표가 되겠다. 이익이 생기는 시스템을 구축해서 패밀리레스토랑을 빌려 공부 모임을 할 마음도 있다.

같은 이야기를 여러 번 해도 좋다

이 책은 내가 지금까지 트위터에 생각나는 대로 올렸던 글과 대담, 글쓰기 강좌 등에서 했던 이야기 중 중요하다고 생각한 부분을 골라 설명을 덧붙인 부분이 많다. 그런 까닭에 예전에 어디선가 들었던 것 같은 이야기처럼 느끼는 사람도 있겠지만, 사실 같은 이야기를 몇 번을 해도 상관없다.

프로레슬러 안토니오 이노키는 미국에 갔을 때 항공사의 실수로 가방을 잃어버렸다고 한다. 어쩔 수 없이 한 달 동안 같은 재킷을 입고 돌아다녔는데, 사람을 만날 때마다 "그 재킷, 잘 어울리네요"라는 말을 듣고 같은 옷을 계속 입어도 괜찮다는 사실을 깨달았다고 한다.

그러니까 같은 이야기를 여러 번 써도 되는 것이다. 이 책도 시리즈로 만들 생각이 있다. 《내가 읽고 싶은 걸 쓰면 된다: 에피소드V 제국의 역습》, 《내가 읽고 싶은 걸 쓰면 된다: 제14장 프레디 vs. 제이슨》, 《내가 읽고 싶은 걸 쓰면 된다: 파트43 최후의 성전》까지 내용은 모두 동일하다. 전부 사면 1권을 선물하는 이벤트도 준비할 생각이다. 각각의 책에 그림 카드를 넣어 모든 카드를 연결하면 그림이 완성되도록 하는 이벤트도 고려하고 있다.

당신은 고릴라가 아니다

이 책의 첫 부분에 고릴라인지 묻는 적성검사를 소개했는데, 보고 들은 것이 적은 탓인지 에세이를 쓰는 고릴라는 아직 만나지 못했다.

"당신은 고릴라인가?"라고 쓴 존재는 아무리 생각해도 고릴라는 아니다. 글을 씀으로써 당신은 인간으로 살아갈 수 있다. 인간은 인간이기 위해, 최소한 자신을 싫어하지 않기 위해 글을 쓴다. 내가 고릴라일지도 모른다고 고민하지 않기 위해 글을 쓰는 것이다.

일단 독자는 자신 혼자뿐이므로 두려워할 것은 없다. 만약 단 한 사람이라도 글을 읽고 감상을 전해주는 사람이 있다면, 자신을 위해 쓴 글이라도 결과적으로는 다른 사람을 위해 쓴 글이 된다.

이 책에서 반복하고 있는 '사상을 접하고 생겨난 심상, 그것을 쓰는 일'은 일단 나 자신 그리고 어쩌면 다른 누군가의 마음을 구원한다. 인간은 글을 씀으로써 나와 당신 사이에 있는 풍경을 발견한다.

글을 쓰는 계기를 선사해준 니시지마 씨, 이토이 씨, 곤노 씨, 고가 씨, 나가타 야스히로 씨, 아소 가모 씨, 모에가라 씨, 후지이 료 씨, 오카베 마사히코 씨, 락밴드 멕시멈 더 호르몬, 다나카 겐타로 씨, 가토 요리히코 씨, 스즈키 소스케 씨, 오타 히데키 씨, 가토 유미 씨, 구마사카 히토미 씨 등등 아직 쓰지 못한 이름이 많지만, 무엇을 쓸 수 있을지 몰랐던 내게 원고를 의뢰해주신 여러분, 그 글을 읽어주신 여러분, 감상을 전해주신 여러분, 코디네이터 마이클, 스타일리스트 제시, 피츠버그에 계시는 부모님, 그 외 한 명. '그 외 한 명'이라고 쓰느니 그냥 이름을 쓰면 될 텐데 이 부분이 무척 거슬린다. 그리고 무엇보다 이 책을 여기까지 읽어주신 당신에게 진심으로 감사드리고 싶다. 감사합니다.

끝의 끝, 후기의 후기

이렇게 기분 좋게 인사를 마치려던 순간, 편집자인 곤노 료스케 씨에게 메일이 왔다. 이 책을 완전히 뒤집는 듯한 내용이다.

내용의 골자는 "이 책의 표지에 글쓰기라는 단어가 있는 이상, 글을 잘 쓸 수 있는 간단한 방법을 좀 더 기술해야 하지 않을까요?"였다.

맞는 말이다. 글 잘 쓰는 법에 대해 구체적으로 확실하게 밝힐 필요가 있다. 남김없이 밝히겠다.

많은 사람이 읽어주고, 웹이나 SNS에서 인기를 끌고, 효과적으로 내용을 전달하고, 무척이나 재미있고, 알기 쉬운 글을 간단하게 쓰는 방법.

그것은 짧게 말하면, 이렇다.

"그딴 건 없어."

글을 쓰다 쇼파에 누워버린 밤,
내 귀 어디선가
심판원의 목소리가 들린다.
나는 카운트 8에서 일어나
키보드로 향한다.

적어도 나는
'인생, 할 것인가 말 것인가'의
갈림길에서
'한다'를 택했다.

부록 1

내가 쓰고 내가 뽑은 글 7

책에서 계속 내 이야기를 털어놓았지만, 무슨무슨 강의니 1만 수천 자의 기사니 하는 것들이 전부 거짓말처럼 느껴질 수도 있다. 그래서 내가 웹상에서 쓴 글 몇 편을 소개하고자 한다.

나는 인기 작가도 유명 칼럼니스트도 아니다. 하지만 다나카 히로노부 이름으로 쓴 기사는 '길모퉁이의 크리에이티브'에서만 누계 330만 페이지뷰를 기록했다. 다른 매체에 기고한 글까지 합하면 500만 페이지뷰를 가볍게 넘는다. 기사나 프로필에는 얼굴 사진도 게재되어 있다.

그런데도 아무도 나를 모른다. 내 이름과 얼굴이 500만 번이나 노출되었는데도, 아무도 다나카 히로노부를 모른다. 거리를 걷다가 가끔 이상한 사람과 시비가 붙는 정도다. 츠타야 서점의 18금 코너에 당당하게 들어갈 수 있다. 기쁘다.

하지만 어떻게 된 일일까. 내가 쓴 글을 접한 사람이 500만 명. 규모로 보면 우타다 히카루의 앨범 판매량과 비슷한 수준이다. 그런데 아무도 모른다. 한 사람이 500만 번을 접속한 게 분명하다.

500만 페이지뷰니까 만약 1회당 100엔을 받았다면 5억 엔을 받았을 터다. 그건 욕심이 지나치니까 1회당 1엔도 좋다. 그래도 500만 엔, 충분하다. 아니 1회당 0.1엔도 좋다. 그래도 50만 엔을 받았을 것이다. 아니, 1회당 0.01엔도 좋다.

하지만 없다. 돈이 보이지 않는다. 설마 이렇게 많이 읽히리라고는 생각지 못했기 때문에 무료 또는 아주 싼 원고료를 받고 글을 썼다. 이것이 바로, 어째서인지 콘텐츠를 무료로 입수할 수 있는 21세기의 현실이다. '반드시 작가가 되겠어!' 하고 마음먹은 사람이 있다면 이 부분을 반드시 고려하시라. 차라리 해적왕이 되는 편이 나을지도 모른다.

가수 시몬 마사토는 그 유명한 동요 〈헤엄쳐라! 타이야키

군)을 녹음했을 때 인세 계약을 하지 않아서 하루 일당밖에 받지 못했다. 그리고 〈헤엄쳐라! 타이야키 군〉이 실린 음반은 500만 장이 넘게 팔렸다.

지나간 일은 후회해봐야 무슨 소용일까. 미래지향적인 편이 건강에 좋다. 여기서는 내가 인터넷에 쓴 몇 편의 글을 소개하겠다. 슬프지만, 이 또한 무료다.

① 다나카 히로노부의 엔타메 신당

글을 쓰게 된 원점이 된 곳. '길모퉁이의 크리에이티브' 편집장인 니시지마 도모히로 씨가 도쿄에서 오사카까지 찾아와서 힐튼 호텔에서 값비싼 일식을 사주고는 "지금 내 돈으로 밥을 먹었죠? 음료를 마셨죠? 이건 글을 써준다는 의미죠?"라고 말했다. 그로부터 2년 동안 영화와 음악 등 스무 편 이상의 평론을 철저한 조사 끝에 썼다. 직장을 다니면서 자신을 위해 글을 쓰는 것은 꽤 좋은 휴식이 되었다.

- 매드맥스 분노의 도로

  http://www.machikado-creative.jp/planning/11395

- 베토벤 〈교향곡 제9번〉

http://www.machikado-creative.jp/planning/21673

- 신이 되기는 어렵다

http://www.machikado-creative.jp/planning/6817

② 멕시멈 더 호르몬의 리더인 료가 흠뻑 반한 샐러리맨의 독백

그다지 안면도 없었던 덴츠의 오카베 마사히코 씨가 "록밴드 '맥시멈 더 호르몬'의 멤버 가와기타 료가 선생님께 신작 리뷰를 써줬으면 한다고 부탁해왔습니다"라고 연락을 줬다. 그후 가와기타 료와는 자주 술자리를 갖게 됐다. 인생은 정말이지 알 수 없다. 지금도 이 글은 맥시멈 더 호르몬의 공식 홈페이지에 실려 있다. 쓰고 볼 일이다.

- http://natalie.mu/music/pp/maximumthehormone02

③ 도쿄 카피라이터 클럽 릴레이 칼럼

비록 내가 도쿄 카피라이터 클럽의 회원이기는 하지만, 그래도 이렇게 중요한 칼럼을 왜 공짜로 썼는지 잘 모르겠다. 전부해서 15편 정도 썼다. 그런데 이토이 시게사토 씨가 이 글을 읽고 만나자는 연락을 해왔다. 인생은 정말로 알 수 없다. 쓰고 볼 일이다.

- 오사카 사람이 되는 법

  https://www.tcc.gr.jp/relay_column/id/3570

- 나와 당신과 그들을 위해 쓰게 됐습니다

  https://www.tcc.gr.jp/relay_column/show/id/3854/page/1

④ 80년대 음악 칼럼 리마인더

웹진 〈리마인더〉의 대표인 오타 히데키 씨의 이야기를 듣고 80년대 음악 칼럼 열다섯 편을 썼다. 〈리마인더〉는 무척 독특하고 가치 있는 웹진이어서 기회가 있으면 또 써보려고 한다. 또한 여기에 기고한 덕분에 고등학교 때부터 팬이었던 만화가 가미조 아쓰시 씨와의 교류도 시작되었다.

- 다나카 히로노부가 회사를 그만둔 진짜 이유

  https://reminder.top/760847469

⑤ 자쿠츄를 따라가 보았습니다

SML주식회사의 구마사카 히토미 사장에게 "다나카 씨가 이토 자쿠츄(일본 에도시대의 화가) 전시회를 보고 글을 써줬으면 한다"라는 연락을 받았다. 의뢰를 받고, 조사하고, 글을 쓰는 동안 인생에는 생각지 못한 우연과 필연이 있다는 사실을 알았다. 그러고 보니 나는 덴츠를 그만둔 후 한 번도 누군가에게 일감을 달라고 부탁한 적이 없다. 얼마나 고마운 일인가. 내게 먼저 의뢰를 해준 사람들을 위해 열심히 해야겠다고 생각한다. 그렇지만 역시 내가 재밌어야 한다는 점이 중요하다.

• https://mediarocket.jp/7545

⑥ 히로노부의 잡기

'길모퉁이의 크리에이티브'에서 〈엔타메 신당〉 외에도 무언가 연재를 해달라는 말을 듣고 이러저러한 쓸데없는 이야기를 썼다. 과거의 기억이란 자신이 접한 사상이며, 그로 인해 생겨난 심상을 자신 속에 계속 간직하고 있는 것임을 깨달았다. 꽤나 사적인 수필들이다.

• 오전 2시의 풀 사이드

  http://www.machikado-creative.jp/planning/53409

• 끝이 있는 일이 있을까

  http://www.machikado-creative.jp/planning/56434

• 시간이 흐른다고 잉어가 전복이 되지는 않는다

  https://www.machikado-creative.jp/planning/58288

• 엠파이어스테이트빌딩에서 만납시다

http://www.machikado-creative.jp/planning/52129

⑦ 포토 히로노부

나는 자칭 '청년 실업자'에 더해, 2018년부터 '사진가'라는 직함도 올렸다. 사진은 완전 초보지만 〈히로노부의 잡기〉에 실은 사진과 기사를 본 시그마주식회사 쪽에서 연재를 의뢰해왔다. 사진과 문장이 조합된 글로 내가 보고 싶은 것과 읽고 싶은 것을 합쳐서 원하는 대로 구성할 수 있도록 해준 부분이 감사하다.

- 추억의 런웨이 32L

  http://www.sigma-sein.com/jp/photohironobu/0004

- 네팔 소요

  http://www.sigma-sein.com/jp/photohironobu/0007

부록 *2*

~~~~~~~~~~~~~ ✏️

남이 쓰고 내가 뽑은 글 5

글을 쓰는 일로 만남이 생기고, 대화가 생긴다. 그리고 대화 속에서 다시 글쓰기 그 자체에 대한 깨달음이 생긴다.

다음의 글과 대담은 '글자가 이곳으로 데려온' 결과의 만남이며, 또한 나 자신이 앞으로 무엇을 쓸 것인지 생각하기 위한 길잡이이기도 하다.

① 다나카 히로노부 × 이토이 시게사토: 40대부터의 드롭아웃

'호보닛칸이토이신문'에서 수많은 사람이 동시에 같은 과제에 도전해 발표하는 이벤트를 개최했다. 총 36명의 참가자가 이토이 시게사토 씨와 나의 대담을 듣고 글로 정리했다.

모든 사람이 똑같이 두 시간의 대화를 들었는데도, 한 사람

한 사람의 포인트가 다르다는 점이 흥미롭다. 그중에서도 아베 고헤이 씨가 쓴 글에는 이 책을 쓰는 힌트가 되었던 이토이 시게사토 씨의 말과 대화 내용이 일목요연하게 정리되어 있다. 이토이 씨와 아베 씨에게 가장 큰 감사를 전하고 싶다.

• http://www.1101.com/juku/hiroba/3rd/tanaka-302

② 글쓰기에 대한 공개 잡담

이토이 시게사토 씨가 인터넷에서 발견한 '글 쓰는 사람들'이란 모임에 연락해서 공개 대담을 개최했던 기록이다. 그때 모인 소설가 모에가라 씨, 아소가모 씨, 작가이자 편집자인 나가타 야스히로 씨, 고가 후미타케 씨 그리고 나까지 다섯 명은 이후에도 툭하면 함께 여행을 가고, 연재를 맡고, 동인잡지를 만드는 활동을 이어가고 있다.

글 쓰는 사람의 생활은 기본적으로 고독하다. 서로에게 "자네는 매일 열심히 글을 쓰고 있는가?" 하고 질타해주는 동료는 소중하다.

• http://www.1101.com/koneta_talk/index.html

③ 뛰어난 작가가 갖고 있는 것

영화평을 쓰는 계기를 준 '길모퉁이의 크리에이티브'의 편집장 니시지마 도모히로 씨와 작가로서 글을 쓰는 법과 의미에 대해 여러 번 대담을 했는데 그 내용이 각각 기사로 실렸다.

이 연장선에서 니시지마 씨가 주최하는 '내일의 작가 세미나'의 강사를 맡고 있는데, 수강생 가운데 작가로 데뷔한 사람이 여러 명 나왔다. 무척 기쁘지만, 일감을 빼앗겨서 화가 난다. 하지만 미력하나마 강좌를 통해 글을 쓰면 인생이 변한다는 사실을 전하고 싶다.

• https://www.machikado-creative.jp/planning/41527

④ 과거 대학생 벤처의 동료들: 료마×SYN 30주년 이벤트 르포

이 책에 몇 번이나 나오는 대학생 시절, 내가 트럭운전사가 되기 전에 합류했던 학생 기업가 집단에 대해 인기 블로그 '인터넷 일대에 관해 조사해보자'의 운영자인 오시바 다카노리 씨가 취재한 기사다. 기업가들이 끊임없이 사업을 일으키듯 나는 끊임없이 무언가를 쓰겠다고 생각한다.

• http://takanoridayo.blog.shinobi.jp/Entry/532

⑤ 다나카 히로노부 위키피디아

모르는 누군가가 작성한 나의 위키피디아 항목이다. 이거야 말로 자신에 대한 글의 궁극일 것이다. 롤링스톤스의 믹 재거는 어느 인터뷰에서 "자서전은 쓰지 않습니까?"라는 질문에 "위키피디아를 읽어달라"라고 대답했다. 자기소개가 필요 없는 사람이 되면 편리하다.

그런데 내 위키피디아는 누가 썼을까.

• https://ja.wikipedia.org/?curid=3751675

옮긴이 | **박정임**

경희대학교 철학과를 졸업하고 일본 지바대학원에서 일본근대문학 석사과정을 수료했다. 현재는 전문 번역가로 일하면서 작은 책방도 운영하고 있다. 마스다 미리의 '수짱 시리즈', 다니구치 지로의 '고독한 미식가' 같은 굵직한 만화가의 작품뿐만 아니라 《미야자와 겐지 전집》, 다카하시 겐이치로 《은하철도 저 너머에》, 온다 리쿠 《로미오와 로미오는 영원히》, 《설레는 일, 그런 거 없습니다》, 《어쩌다 보니 50살이 네요》, 《뇌과학자의 엄마, 치매에 걸리다》 등 다양한 일본 에세이와 소설을 번역하고 있다.

내가 읽고 싶은 걸 쓰면 된다

단순하지만 강력한 글쓰기 원칙

초판 1쇄   2020년 5월 15일
초판 2쇄   2020년 5월 18일
개정판 1쇄 2024년 2월 26일

지은이 | 다나카 히로노부
옮긴이 | 박정임

발행인 | 문태진
본부장 | 서금선
책임편집 | 송현경   편집1팀 | 한성수 유진영

기획편집팀 | 임은선 임선아 허문선 최지인 이준환 송은하 이은지 장서원 원지연
마케팅팀 | 김동준 이재성 박병국 문무현 김윤희 김은지 이지현 조용환 전지혜
디자인팀 | 김현철 손성규   저작권팀 | 정선주
경영지원팀 | 노강희 윤현성 정헌준 조샘 서희은 조희연 김기현
강연팀 | 장진항 조은빛 신유리 김수연

펴낸곳 | ㈜인플루엔셜
출판신고 | 2012년 5월 18일 제300-2012-1043호
주소 | (06619) 서울특별시 서초구 서초대로 398 BnK디지털타워 11층
전화 | 02)720-1034(기획편집) 02)720-1024(마케팅) 02)720-1042(강연섭외)
팩스 | 02)720-1043   전자우편 | books@influential.co.kr
홈페이지 | www.influential.co.kr

한국어판 출판권 ⓒ ㈜인플루엔셜, 2020, 2024

ISBN 979-11-6834-171-5 (03190)